马立平课程

MLP Chinese

中 文

Grade 5
五年级

编写 马立平

审定 庄 因

插图 邬美珍

版权所有 翻印必究

Copyright © 1994-2019 by 立平继承语教育研究中心

书　名　MLP Chinese (Grade 5)
编　者　马立平
审　定　庄　因
出版人　夏建丰
插　图　邬美珍
网　址　www.mlpchinese.com
版　次　1994 年 3 月第 1 版
　　　　2019 年 3 月第 18 版　2021 年 3 月第 3 次印刷
印　刷　上海丽佳制版印刷有限公司，Printed in Shanghai, China.
书　号　ISBN 978-1-940666-05-1

目录

编辑说明 v

全套教材使用说明 vii

五年级教材使用说明 ix

第一单元

一、汉语拼音复习 3

二、电脑输入汉字（1）：完整输入法 15

三、电脑输入汉字（2）：不完整输入法 19

四、查字典和字典的运用 26

西游记（改写版）：

第一回 美猴王出世 33

第二回 猴王学本领 36

第三回 喜得金箍棒 40

第四回 不当养马官 44

第二单元（西游记 改写版）

第五回 大闹蟠桃会 48

第六回 天兵战大圣 52

第七回 被压五行山 56

第八回 唐僧救悟空 59

第九回 降伏小白龙 63

第十回 计收猪八戒 67

第十一回 大战流沙河 71

第十二回 偷吃人参果 74

第三单元（西游记 改写版）

第十三回 观音救宝树 78

第十四回 三打白骨精 83

第十五回 八戒讨救兵 87

第十六回 捉拿金鱼怪 92

第十七回 真假美猴王 97

第十八回 三借芭蕉扇 102

第十九回 大圣救娃娃 108

第二十回 取经回大唐 113

疑难词表 118

编辑说明

斯坦福大学教育学院课程设计博士 马立平

近年来，海外的中文学校发展迅速，其教材多来自国内。可是，由于海外生活环境和国内不同，海外学生的文化背景、学习方式以及学习条件也和国内不同，所以在国内编写的教材，往往不敷他们的实际需要。在此，我们把这套在美国研发、经二十多年来多轮教学实验磨砺后定稿的"海外本土化"中文教材献给大家。

这套中文教材适用对象为来自华语家庭的儿童。目前，教材包括11个年级（K至9年级以及AP）的课本，每个年级学3个单元，配有相应的单双周练习本、暑假作业本和网络作业，可供周末中文学校11年使用，也支持After School的中文教学。同时，K至5年级课本配有学生用的生字卡片，K至9年级课本配有可供选购的教师用词汇卡片。

多年来的实践经验证明，通过循序渐进地学习全套教材，学生们能够具备中文听、说、读、写的基本能力，能够在美国College Board的中文SAT II和AP考试中取得优异的成绩，并且能够顺利地通过中国国家汉办举办的HSK四级以上的考试（汉语水平考试）。

中华民族创造了自己的文字，也创造了学习这一文字的行之有效的方法。我们这套教材立足于将中国语文教学的传统和现代语文教学的研究成果相结合。现将编辑要点说明如下：

一、拼音和汉字的关系——**直接认字，后学拼音**

为了先入为主地发展学生识别汉字的能力，我们在开始阶段不用拼音或注音符号，而是通过韵文直接进行汉字教学。在学了700个常用汉字以后，再引入汉语拼音。

语音教学由课堂教学和多媒体练习共同分担。这样做成功地避免了海外学生常见的依赖拼音的弊病。

二、认字和写字的关系——**先认后写，多认少写**

海外少年儿童学习中文的时间十分有限。我们采用先认后写、多认少写的原则。

本教材通过各种途径，帮助学生熟练认读2000个左右常用汉字，熟练书写500个左右最常用汉字。以此为基础，学生能够依靠中文顺利地学习我们高年级文化读本《中华文化之窗》和《中华文化巡礼》；也能够用中文进行基本的书面交流。

三、精读和泛读的关系——**课文和阅读材料并重**

考虑到海外语言环境的特点，教材采用了课文和阅读材料相互交织的结构，每篇课文都配有阅读材料数篇，纳入正式教学。这些阅读材料以中国历史故事和寓言为主要题材，用学生已经学过的汉字撰写。仅在1至4年级，就有和课文相配合的阅读材料四百来篇。

四、阅读和写作的关系——**先读后写，水到渠成**

语汇是写作的基础。1至4年级以认字教学为主，让学生掌握大量的汉字和语汇。五年级以大篇幅的阅读巩固认字量并且引导学写段落。6、7年级完成系统的写作教学。完成写作教学之后，学生的写作能力已经超过AP Chinese所要求的水平。

五、素材选择和改写的依据 —— 求知欲、成就感、常用字先行和高频率复现

本教材中课文和阅读材料的素材来源很广，包括了大陆和台湾本土使用的各种小学课本、两岸为海外儿童编写的各种华语教材、各种中文儿童课外读物、甚至口头流传的民间故事和谜语等等。选材的依据，一是根据海外华裔儿童的兴趣和求知欲，二是注重培养学生学习中文的成就感。素材经改写后自成一个完整的中文教学体系，常用字先行，并且高频率复现。前后呼应，环环相扣。

六、重视中华文化，摈弃政治色彩

教材以海外华裔儿童的成长发展为其唯一关怀。海外的炎黄子孙，无论来自大陆、台湾，还是其他国家和地区，文化上都是同宗同源；相信七十年的两岸分隔，绝无损于五千年中华文化的源远流长。

七、汉字结构的教学

汉字的笔画、笔形、笔顺和部首是掌握汉字结构的重要手段，然而在日常生活中，笔画和部首的名称却往往是约定俗成，没有绝对统一的标准。

在本教材中：

笔画名称参照了中华文化出版社《汉语》第 2 册的《汉字的笔画》表和汉典。

笔顺介绍参照了 Cheng & Tsui Company 的《Practical Chinese Reader I & II: Writing Workbook》。

部首名称及英文翻译，参照了 Harvard University Press 出版的《Mathews' Chinese English Dictionary》和安子介先生的《解开汉字之谜》。

另外，我们使用了"表意部首（Meaning clue）"和"表音部首（Sound clue）"的概念，仅仅是为了帮助学生认记汉字，无意在汉字学上标新立异。

八、繁体字章节用字的选定

教材繁体字章节的用字，参照了《国语日报字典》、修订版《华语》、《儿童华语课本》来选定，最后由斯坦福大学亚洲语言系庄因教授审定。

九、多媒体网络作业的使用

和课文配套的多媒体网络作业，可在计算机和 iPad 上使用。在课本的封面上，可以找到相应的注册码。每周有四次作业，每次作业设计量为 20 分钟左右。每次完成作业后，会出现该次作业的"密码"，由学生登记到作业本上，交给老师核实。

十、暑假作业

为了使学生的中文学习不致在漫长的暑假里中断，本教材为各年级设计了暑假作业（每年八周，每周四次），同时提供相应的网络作业。一年级的部分文字材料在课本里。建议各校在秋季开学时，对学生暑假作业的完成情况进行检查。

这套教材是我和夏建丰先生合力编写，其间得到许多人的支持和帮助。资深儿童画家陈毅先生、吕莎女士和邬美珍女士为教材配画了精美的插图。罗培嘉老师为作业设计了阅读检查办法。我们在此一并表示深切感谢。

马立平中文课程

全套教材 使用说明

马立平中文课程在美国经过了二十多年的中文教学研究和实践，形成了一套针对海外华裔学习中文行之有效的方法，帮助海外华裔青少年在学习中文和了解中国文化中，能够学有所成。

课程服务对象以及教学成果

马立平中文课程的服务对象主要是海外华裔青少年。其主体教学内容，可供海外周末中文学校使用；结合课后阅读以及教辅材料，也可供非周末的 After School 中文学校选用。

多年来的实践经验证明，通过循序渐进地学习马立平中文课程，学生们能够具备中文听、说、读、写的基本能力，能够在美国 College Board 的中文 SAT II 和 AP 考试中取得优异的成绩，并且能够顺利地通过中国国家汉办举办的 HSK 四级以上的考试（汉语水平考试）。

全套课程的设计结构

马立平中文课程设计了十一个年级的教学内容，分为三个主要阶段展开：

1) 认字和阅读（学前班到四年级）；
2) 作文和阅读（五到七年级）；
3) 中华文化和 AP 考试（八到十年级）。

每个年级分册分为三个单元，按照每个单元八次授新课、一次总复习和一次考试的教学量进行设计，对应着十周的教学时间。具体教学建议，请参见各个年级分册的使用说明。

全套教材的设计结构，以及各个阶段的特点，请参见图1。

图1中每个年级包括三个单元，占据三格。

实线示意预计的学习困难程度，坡度越"陡"，表示学生可能感到难度越大；坡度越"缓"，难度越小（如学前班和一年级第一、二单元难度最低，二年级难度最大）。实线下的文字，表示该阶段的主要学习内容。

虚线示意认字数量增长的速度（一至四年级快，之后明显减缓）。

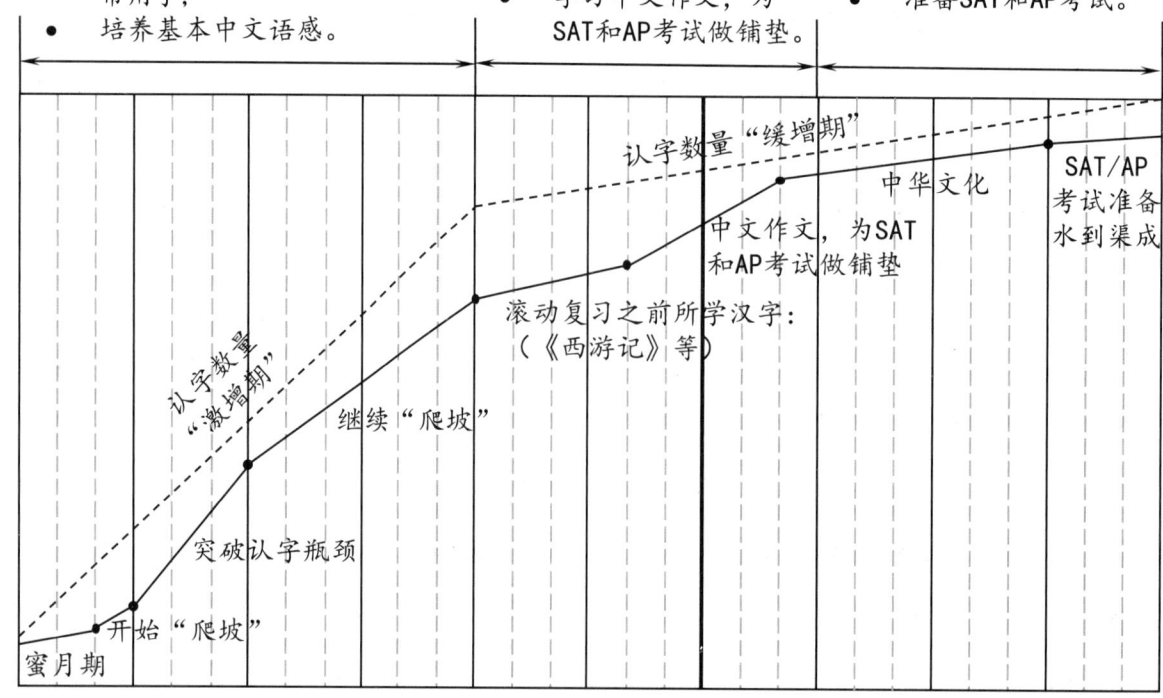

图1：马立平中文课程 全套教材设计结构

教学十六字诀

- **趣味引入**：教授新课前，先要设法引起学生对课文的兴趣，调动起积极学习的情绪；
- **精讲多练**：切忌"满堂灌"，老师要讲得恰到好处，尽量留出课堂时间给学生练习；
- **重点突出**：认识字词和发展语感是一至四年级段的教学重点，教学中请务必注意；
- **难点分散**：教学中要把难点分散，老师要作好相应铺垫和支持，带领学生克服难点。

需要家长关注的"三要三不要"

- **要**从小培养孩子独立认真做中文作业的好习惯，**不要**纵容心不在焉的作业习惯；
- **要**尽量多和孩子说中文，尽量创造中文环境，**不要**以为把孩子送了周末中文学校，他们的中文学习就万事大吉了；
- 遇到困难时，**要**鼓励孩子发扬"不放弃"精神，家长的态度**不要**"过硬"或"过软"。

马立平中文课程

五年级教材 使用说明

马立平中文课程的五年级教材是以课本为核心而相互配合的一个整体，其中包含：

1) 课本：一本。
2) 练习册：三本，分别为单周、双周和暑假练习册。
3) 生字卡片：一套，包括黄色、蓝色、绿色三种字卡独立成册。
4) 网络作业的注册帐号：一个，印在课本封面上。

五年级分册课本共分两个部分。第一部分为前四课，是拼音复习、汉字输入以及查字典；第二部分是依据海外华裔学习中文的特点而改写的西游记，共计二十回；第二部分后面附有疑难词汇表。

《西游记》的每一回通常包括三部分内容：

1) 西游记：包括授课内容和课后阅读；**每一回的第一页，作为授课内容；其他页作为课后阅读；**
2) 阅读指导；
3) 词汇和阅读提示。

教学进度安排建议

整本教材把两部分内容分为三个单元：

第一单元：包括第一部分和《西游记》的第一到第四回；

第二单元：包括《西游记》的第五到第十二回；

第三单元：包括《西游记》的第十三到第二十回。

通常，在周末中文学校中，每个单元可以用十次周末的教学时间完成：

八次授新课，一次复习，一次考试。每个周末，教学时间可以为一个半小时到二小时。

After School 的中文学校，可以把基础内容和课后阅读相结合，每个单元分成八周授新课，一周复习和考试。每一周可用四天授新课，一天复习；每天的教学时间可为一小时。

课本内容和教学进度分配的对应关系，参见表1。

表1：教学进度分配的对应关系

第一单元	第一单元	第二单元	第三单元
第1周	一、拼音复习	第五回　大闹蟠桃会	第十三回　观音救宝树
第2周	二、汉字输入（1）	第六回　天兵战大圣	第十四回　三打白骨精
第3周	三、汉字输入（2）	第七回　被压五行山	第十五回　八戒讨救兵
第4周	四、查字典	第八回　唐僧救悟空	第十六回　捉拿金鱼怪
第5周	第一回　美猴王出世	第九回　降伏小白龙	第十七回　真假美猴王
第6周	第二回　猴王学本领	第十回　计收猪八戒	第十八回　三借芭蕉扇
第7周	第三回　喜得金箍棒	第十一回　大战流沙河	第十九回　大圣救娃娃
第8周	第四回　不当养马官	第十二回　偷吃人参果	第二十回　取经回大唐
第9周	总复习		
第10周	考试		

关键点

五年级是中文学习承上启下的一年。经过前四年的学习，学生已经认识了将近1500个常用字，需要一个集中阅读的阶段消化和巩固所学的汉字。从二十多年的教学研究和大量的数据反馈中，这样的集中阅读，对于海外华裔学生突破中文学习的瓶颈尤其重要。因此，我们参照前四年所学的字词，对《西游记》进行改写，挑选有趣、轻松、经典、正面的故事情节，使之既保留了原文的文化精髓，又符合海外华裔学生的阅读能力和认知特征。该改写的版本，经过了二十多年的教学实践反馈和修订，目前已经趋于成熟稳定。

《西游记》的教学安排，也参照了华裔学生在常规学校进行英语课程"Chapter Book"的教学思路。完成《西游记》这本 Chapter Book 的教学，将极大的鼓舞学生学习中文的成就感，也加强了英文、中文学习的联系。教学数据表明，这种成就感和联系，对保持学生学习中文的动力，起到很重要的作用。

同时，在《西游记》的教学中，将安排一些写作的初步练习，为6年级开始的写作教学打下一定基础；同时因为《西游记》本身的特点，也为学生将来进一步学习、了解中国文化，做了一定的铺垫。

拼音复习、查字典和汉字输入

在五年级的前四周，将复习拼音，教授汉字输入的方法和查字典的方法，为之后使用计算机等电子设备进行写作，打下基础。在网络作业中，包含了汉字输入的练习，坚持并且认真对待，可以达到事半功倍的效果。

网络作业

请家长协助学生建立网络作业账号。认真完成网络作业，是有效学习的重要手段。

马立平课程

中 文

五 年 级

第一单元

编写　马立平

审定　庄　因

第一课 汉语拼音复习*

同学们，三年级的时候我们已经学习了汉语拼音，今天，我们要复习汉语拼音，并且学习用拼音在电脑上输入汉字。

记得吗，我们说过读汉语拼音和读英文很相像，但是也有一些不同。下面列出它们的主要区别，复习后请在每一项后面的方框里打上勾：

一、英文没有声调 (tones)，而汉语拼音有。☐

二、英文有元音 (vowels) 和辅音 (consonants)，拼音有声母 (initials) 和韵母 (finals)。韵母 (finals) 和元音 (vowels) 很像，但不完全相同。声母 (initials) 和辅音 (consonants) 很像，但也不完全相同。拼音有六个单韵母 (simple finals)：

a, o, e, i, u, ü ☐

三、英文里的每个元音字母都可能有好几种发音，而在拼音里，一个单韵母 (simple final) 基本上只有一个发音。（只有两处例外 (exceptions)：*i* 在 *z, c, s, r, zh, ch, sh* 后面时只标音调不发声；*u* 在 *j, q, x* 后面时发 *ü* 声）。☐

课堂练习 I： (Spell the following Chinese characters with Pinyin, no tone signs needed)

( )	( )	( )	( )	( )	( )	( )	( )
把	比	不	大	的	第	发	个
( )	( )	( )	( )	( )	( )	( )	( )
古	和	虎	可	拉	路	米	热
( )	( )	( )	( )	( )	( )	( )	( )
擦	次	出	吃	车	急	举	起
( )	( )	( )	( )	( )	( )	( )	( )
去	洗	许	自	知	猪	四	死
( )	( )	( )	( )	( )	( )	( )	( )
沙	是	树	蛇	日	啊	哦	饿

---

* 五年级第一单元（第一至第四课）的内容是复习拼音、学习用拼音输入汉字和查字典等，主要以学生自学为主。为了保障阅读的顺畅，在课文行文中加注了一些拼音。第一单元之后的其他课文将恢复不加拼音的惯例。

第一课 汉语拼音复习

四、拼音里有固定的复韵母(compound finals)组合。

九个基本普通复韵母是：

ai, ao, ei, ou, ia, ie, ua, uo, üe □

它们的延伸是(they can be derived into)：

uai(u+ai), **iao**(i+ao), **iu**(i+ou), **ui**(u+ei) □

课堂练习 II：(Spell the following Chinese characters with Pinyin, no tone signs needed)

( )	( )	( )	( )	( )	( )	( )	( )
包	跑	到	带	来	海	楼	偷
家	假	下	夏	累	飞	美	给
别	接	谢	写	瓜	切	决	学
鸟	小	坏	甩	牛	球	对	最

五、拼音里九个基本鼻韵母(nasal finals)是：

an, ang, en, eng, in, ing, ong, un, ün □

它们的延伸是(they can be derived into)：

ian(i+an), **uan**(u+an), **üan**(ü+an), **iang**(i+ang), □

uang(u+ang), **iong**(i+ong), **ueng**(u+eng) □

课堂练习 III：(Spell the following Chinese characters with Pinyin, no tone signs needed)

( )	( )	( )	( )	( )	( )	( )	( )
满	忙	饭	放	跟	更	门	能
您	林	明	行	红	同	论	春
年	连	先	断	关	换	全	卷
江	讲	想	两	光	黄	穷	熊

第一课 汉语拼音复习

六、汉语拼音在拼读的时候，单韵母 i、u、ü 不能单独出现。

当单韵母 i、u、ü 单独出现时：

$$i \to yi \quad \square$$

$$u \to wu \quad \square$$

$$ü \to yu \quad \square$$

课堂练习 IV： (Spell the following Chinese characters with Pinyin, no tone signs needed)

( ) ( ) ( ) ( ) ( ) ( ) ( ) ( )
一　　以　　五　　雨　　鱼　　衣　　屋　　玉

七、汉语拼音在拼读的时候，单韵母 i、u、ü 也不能作为第一个字母出现。

所以，当 i、u、ü 开头的复韵母单独出现时：

ia → ya □； ie → ye □； iao → yao □； iu(iou) → you □；

uo → wo □； ua → wa □； uai → wai □； ui(uei) → wei □； ueng → weng □；

üan → yuan □； üe → yue □

课堂练习 V： (Spell the following Chinese characters with Pinyin, no tone signs needed)

( ) ( ) ( ) ( ) ( ) ( ) ( ) ( )
牙　　也　　要　　有　　我　　蛙　　外　　为

( ) ( ) ( ) ( ) ( ) ( ) ( ) ( )
远　　月　　夜　　叶　　野　　爷　　又　　游

( ) ( ) ( ) ( ) ( ) ( ) ( ) ( )
友　　右　　挖　　娃　　歪　　喔　　握　　窝

( ) ( ) ( ) ( ) ( ) ( ) ( ) ( )
伟　　尾　　越　　岳　　约　　园　　圆　　院

第一课 汉语拼音复习

八、拼音声母(initials)的发音和英语辅音(consonants)发音明显不同的有八个：

　　j □, q □, x □, z □, c □, zh □, ch □, sh □

九、拼音声母的读音和英语辅音(consonants)发音少许不同的有三个：

　　b □, d □, g □

十、复习汉语拼音的主要目的(main purpose)，是为了学习在电脑上用拼音输入汉字。在英文键盘(keyboard)上没有 ü 键，当汉字拼音中出现字母 ü 的时候，我们可以键入"v"。例如绿色的"绿"字，拼音为"lǜ"，我们在键盘上键入"lv"就可以输入"绿"字了。（但是，键盘上只能用"v"输入带字母"ü"的汉字，而不能单独输入"ü"这个字母）。

课堂练习 VI：(Fill the blancks)

The two letters for spelling the character 绿 with Pinyin are __ and __.

The two keys to input the character 绿 in computer are of letters __ and __.

The two letters for spelling the character 女 with Pinyin are __ and __.

The two keys to input the character 女 in computer are of letters __ and __.

十一、复习了拼音，请大家在电脑上启动 Microsoft Pinyin 输入法，下一课我们就可以学习用拼音输入汉字了。

十二、下一次上课时要带手提电脑或平板电脑，请同学们别忘了！

给教师的提示：

1、下次上课前，请务必提醒每个学生在电脑上启动 Microsoft Pinyin 输入法，并确保带手提电脑或平板电脑到教室上课。

2、如果班上还有不会英文输入的学生，请和家长联系，告知家长在这种情况下，学习进程会比较慢，要有思想准备。

A Summary of Pinyin

Now we have taught ourselves Chinese Pinyin. The following is a summary of the main points:

1. Unlike in English, we have tones in Chinese. The four tone signs are put above the six simple finals -- *a*, *o*, *e*, *i*, *u*, and *ü*.

2. The term "simple final" in Pinyin is almost the same as the term "vowel" in English. While in English the same vowel may sound different in different words, in Chinese a simple final always sounds the same with only two exceptions:
   a. When "i" comes after *z*, *c*, *s*, *r*, *zh*, *ch*, and *sh*, it doesn't have a sound at all. It is only there to carry the tone sign.
   b. When "ü" comes after *j*, *q*, and *x*, it is written as "u."

3. In Pinyin there are two groups of basic compound finals, each with nine members.

4. The members in the first group are:
   ai, *ia*, *ao*, *ou*, *uo*, *ua*, *ei*, *ie*, and *üe*.
   From them we can make other compound finals such as *iao* (i+ao), *uai* (u+ai), *iu* (i+ou), and *ui* (u+ei).

5. The members in the second group of basic compound finals are called nasal finals:
   an, *ang*, *en*, *eng*, *in*, *ing*, *ong*, *un*, and *ün*.
   From them we can make other compound finals such as *ian* (i+an), *iang* (i+ang), *uan* (u+an), *uang* (u+ang), *ueng* (u+eng), *üan* (ü+an), and *iong* (i+ong).

6. In Pinyin there is a special final: *er*. It always appears alone, never with any initial. The four characters with final *er* that we have learned are：二(èr), 耳(ěr), 儿(ér), and 而(ér).

7. The term "initial" in Pinyin is almost the same as the term "consonant" in English. Please pay attention to the following Pinyin initials since they sound different from how they do in English:
   j, *q*, *x*, *z*, *c*, *zh*, *ch*, and *sh*.

8. The following three initials sound slightly different from how they do in English:
   b, *d*, and *g*.

9. When spelling a character, the simple finals i, u, and ü can't stand alone, but have to follow another leading letter. For example *i* = *yī* (一), *u* = *wǔ* (五), and *ü* = *yú* (鱼).

10. When spelling a character, the simple finals i, u, and ü can't be the first letter, but have to transform into other letters. For example *iá* = *yá* (牙)；*iè* = *yè* (叶)；*iǒu* = *yǒu* (有), *uā* = *wā* (蛙), *uǒ* = *wǒ* (我), *uèi* = *wèi* (为), *üè* = *yuè* (月), *üán* = *yuán* (圆)。

Table 1 Pinyin syllables with simple finals (283)

	ā	á	ǎ	à	ō	ó	ǒ	ò	ē	é	ě	è	ī	í	ǐ	ì	ū	ú	ǔ	ù	ǖ	ǘ	ǚ	ǜ	
b	bā	bá	bǎ	bà	bō	bó	bǒ	bò					bī	bí	bǐ	bì	bū	bú	bǔ	bù					24
p	pā	pá		pà	pō	pó	pǒ	pò					pī	pí	pǐ	pì	pū	pú	pǔ	pù					12
m	mā	má	mǎ	mà	mō	mó	mǒ	mò					mī	mí	mǐ	mì		mú	mǔ	mù					14
f	fā	fá	fǎ	fà		fó											fū	fú	fǔ	fù					9
d	dā	dá	dǎ	dà						dé			dī	dí	dǐ	dì	dū	dú	dǔ	dù					13
t	tā		tǎ	tà								tè	tī	tí	tǐ	tì	tū	tú	tǔ	tù					12
n	nā	ná	nǎ	nà						né		nè	nī	ní	nǐ	nì		nú	nǔ	nù			nǚ	nǜ	15
l	lā	lá	lǎ	là					lē			lè	lī	lí	lǐ	lì	lū	lú	lǔ	lù		lǘ	lǚ	lǜ	17
g	gā	gá	gǎ	gà					gē	gé	gě	gè					gū	gú	gǔ	gù					12
k	kā		kǎ						kē	ké	kě	kè					kū		kǔ	kù					9
h	hā	há	hǎ	hà					hē	hé		hè					hū	hú	hǔ	hù					11
j													jī	jí	jǐ	jì					jū	jú	jǔ	jù	8
q													qī	qí	qǐ	qì					qū	qú	qǔ	qù	8
x													xī	xí	xǐ	xì					xū	xú	xǔ	xù	8
z	zā	zá	zǎ							zé		zè	zī	zí	zǐ	zì	zū	zú	zǔ						11
c	cā		cǎ									cè	cī	cí	cǐ	cì	cū	cú		cù					10
s	sā		sǎ	sà								sè	sī	sí	sǐ	sì	sū	sú	sǔ	sù					10
r											rě	rè				rì		rú	rǔ	rù					6
zh	zhā	zhá	zhǎ	zhà	zhē	zhé	zhě	zhè					zhī	zhí	zhǐ	zhì	zhū	zhú	zhǔ	zhù					16
ch	chā	chá	chǎ	chà	chē		chě	chè					chī	chí	chǐ	chì	chū	chú	chǔ	chù					15
sh	shā	shá	shǎ	shà	shē	shé	shě	shè					shī	shí	shǐ	shì	shū	shú	shǔ	shù					16
y*													yī	yí	yǐ	yì					yū	yú	yǔ	yù	8
w*																	wū	wú	wǔ	wù					4

*When spelling a character, the simple finals i, u, and ü can't stand alone, but have to follow another leading letter. i=yi, u=wu, and ü=yu.

Table 2: Pinyin syllables with compound finals *ao*, *ai*, and *ia* (138)

	āo	áo	ǎo	ào	āi	ái	ǎi	ài	iā	iá	iǎ	ià	12
b	bāo	báo	bǎo	bào	bāi	bái	bǎi	bài					8
p	pāo	páo	pǎo	pào	pāi	pái	pǎi	pài					8
m	māo	máo	mǎo	mào		mái	mǎi	mài					8
f													0
d	dāo		dǎo	dào	dāi		dǎi	dài			diǎ		7
t	tāo	táo	tǎo	tào	tāi	tái	tǎi	tài					8
n	nāo	náo	nǎo	nào			nǎi	nài					6
l	lāo	láo	lǎo	lào		lái		lài			liǎ		7
g	gāo		gǎo	gào	gāi		gǎi	gài					6
k	kāo		kǎo	kào	kāi		kǎi	kài					6
h	hāo	háo	hǎo	hào	hāi	hái	hǎi	hài					8
j									jiā	jiá	jiǎ	jià	4
q									qiā		qiǎ	qià	3
x									xiā	xiá		xià	3
z	zāo	záo	zǎo	zào	zāi		zǎi	zài					7
c	cāo	cáo	cǎo		cāi	cái	cǎi	cài					7
s	sāo		sǎo	sào	sāi			sài					5
r		ráo	rǎo	rào									3
zh	zhāo	zháo	zhǎo	zhào	zhāi	zhái	zhǎi	zhài					8
ch	chāo	cháo	chǎo	chào	chāi	chái		chài					7
sh	shāo	sháo	shǎo	shào	shāi		shǎi	shài					7

Table 3: Pinyin syllables with compound finals *ei*, *ie*, and *üe* (80)

	ēi	éi	ěi	èi	iē	ié	iě	iè	üē	üé	üě	üè	12
b	bēi		běi	bèi	biē	bié	biě	biè					7
p	pēi	péi		pèi	piē		piě						5
m		méi	měi	mèi	miē			miè					5
f	fēi	féi	fěi	fèi									4
d			děi		diē	dié							3
t					tiē		tiě	tiè					3
n		něi	nèi		niē			niè				nüè	5
l	lēi	léi	lěi	lèi	liē	lié	liě	liè				lüè	9
g		gěi											1
k													0
h	hēi												1
j					jiē	jié	jiě	jiè	juē	jué		juè	7
q					qiē	qié	qiě	qiè	quē	qué		què	7
x					xiē	xié	xiě	xiè	xuē	xué	xuě	xuè	8
z		zéi											1
c													0
s													0
r													0
zh				zhèi									1
ch													0
sh		shéi											1

Table 4: Pinyin syllables with compound finals *ua*, *uo*, and *ou*. (113)

	uā	uá	uǎ	uà	uō	uó	uǒ	uò	ōu	óu	ǒu	òu	12
b													0
p									pōu	póu	pǒu		3
m									mōu	móu	mǒu		3
f													0
d					duō	duó	duǒ	duò	dōu		dǒu	dòu	7
t					tuō	tuó	tuǒ	tuò	tōu	tóu		tòu	7
n						nuó		nuò				nòu	3
l					luō	luó	luǒ	luò	lōu	lóu	lǒu	lòu	8
g	guā		guǎ	guà	guō	guó	guǒ	guò	gōu		gǒu	gòu	10
k	kuā		kuǎ	kuà				kuò	kōu		kǒu	kòu	7
h	huā	huá		huà	huō	huó	huǒ	huò		hóu	hǒu	hòu	10
j													0
q													0
x													0
z					zuō	zuó	zuǒ	zuò	zōu		zǒu	zòu	7
c					cuō	cuó	cuǒ	cuò				còu	5
s					suō		suǒ	suò	sōu		sǒu	sòu	6
r								ruò		róu		ròu	3
zh	zhuā		zhuǎ		zhuō	zhuó			zhōu	zhóu	zhǒu	zhòu	8
ch					chuō			chuò	chōu	chóu	chǒu	chòu	6
sh	shuā		shuǎ	shuà	shuō			shuò	shōu	shóu	shǒu	shòu	8

Table 5: Pinyin syllables with compound finals *iao*, *uai*, *iu*, and *ui* (140)

	iāo	iáo	iǎo	iào	uāi	uái	uǎi	uài	iū (ioū)	iú (ioú)	iǔ (ioǔ)	iù (ioù)	uī (ueī)	uí (ueí)	uǐ (ueǐ)	uì (ueì)	16
b	biāo		biǎo	biào													3
p	piāo	piáo	piǎo	piào													4
m	miāo	miáo	miǎo	miào								miù					5
f																	0
d	diāo		diǎo	diào					diū				duī			duì	6
t	tiāo	tiáo	tiǎo	tiào									tuī	tuí	tuǐ	tuì	8
n			niǎo	niào					niū	niú	niǔ	niù					6
l	liāo	liáo	liǎo	liào					liū	liú	liǔ	liù					8
g					guāi		guǎi	guài					guī		guǐ	guì	6
k							kuǎi	kuài					kuī	kuí	kuǐ	kuì	6
h						huái		huài					huī	huí	huǐ	huì	6
j	jiāo	jiáo	jiǎo	jiào					jiū		jiǔ	jiù					7
q	qiāo	qiáo	qiǎo	qiào					qiū	qiú	qiǔ						7
x	xiāo	xiáo	xiǎo	xiào					xiū		xiǔ	xiù					7
z													zuī		zuǐ	zuì	3
c													cuī	cuí	cuǐ	cuì	4
s													suī	suí	suǐ	suì	4
r														ruí	ruǐ	ruì	3
zh					zhuāi		zhuǎi	zhuài					zhuī			zhuì	5
ch					chuāi		chuǎi	chuài					chuī	chuí			5
sh					shuāi		shuǎi	shuài						shuí	shuǐ	shuì	6
y	yāo	yáo	yǎo	yào					yōu	yóu	yǒu	yòu					8
w					wāi		wǎi	wài					wēi	wéi	wěi	wèi	7

Table 6: Pinyin syllables with nasal finals ***an***, ***ang***, ***ian***, and ***iang***. (188)

	ān	án	ǎn	àn	āng	áng	ǎng	àng	iān	ián	iǎn	iàn	iāng	iáng	iǎng	iàng	
b	bān		bǎn	bàn	bāng		bǎng	bàng	biān		biǎn	biàn					9
p	pān	pán		pàn	pāng	páng	pǎng	pàng	piān	pián	piǎn	piàn					11
m	mān	mán	mǎn	màn	māng	máng	mǎng			mián	miǎn	miàn					10
f	fān	fán	fǎn	fàn	fāng	fáng	fǎng	fàng									8
d	dān		dǎn	dàn	dāng		dǎng	dàng	diān		diǎn	diàn					9
t	tān	tán	tǎn	tàn	tāng	táng	tǎng	tàng	tiān	tián	tiǎn	tiàn					12
n	nān	nán	nǎn	nàn	nāng	náng	nǎng		niān	nián	niǎn	niàn		niáng		niàng	13
l		lán	lǎn	làn	lāng	láng	lǎng	làng		lián	liǎn	liàn		liáng	liǎng	liàng	13
g	gān		gǎn	gàn	gāng		gǎng	gàng									6
k	kān		kǎn	kàn	kāng	káng		kàng									6
h	hān	hán	hǎn	hàn	hāng	háng		hàng									7
j									jiān		jiǎn	jiàn	jiāng		jiǎng	iàng	6
q									qiān	qián	qiǎn	qiàn	qiāng	qiáng	qiǎng	qiàng	8
x									xiān	xián	xiǎn	xiàn	xiāng	xiáng	xiǎng	xiàng	8
z	zān	zán	zǎn	zàn	zāng		zǎng	zàng									7
c	cān	cán	cǎn	càn	cāng	cáng											6
s	sān		sǎn	sàn	sāng		sǎng	sàng									6
r		rán	rǎn		rāng	ráng	rǎng	ràng									6
zh	zhān	zhán	zhǎn	zhàn	zhāng		zhǎng	zhàng									7
ch	chān	chán	chǎn	chàn	chāng	cháng	chǎng	chàng									8
sh	shān		shǎn	shàn	shāng		shǎng	shàng									6

Table 7: Pinyin syllables with nasal finals ***uan***, ***uang***, and ***üan***, (81)

	uān	uán	uǎn	uàn	uāng	uáng	uǎng	uàng	üān	üán	üǎn	üàn	
d	duān		duǎn	duàn									3
t	tuān	tuán	tuǎn	tuàn									4
n			nuǎn										1
l		luán	luǎn	luàn									3
g	guān		guǎn	guàn	guāng		guǎng	guàng					6
k	kuān		kuǎn		kuāng	kuáng	kuǎng	kuàng					6
h	huān	huán	huǎn	huàn	huāng	huáng	huǎng	huàng					8
j									juān		juǎn	juàn	3
q										quán	quǎn	quàn	4
x									xuān	xuán	xuǎn	xuàn	4
z	zuān		zuǎn	zuàn									3
c	cuān	cuán		cuàn									3
s	suān			suàn									2
r			ruǎn										1
zh	zhuān		zhuǎn	zhuàn	zhuāng		zhuǎng	zhuàng					6
ch	chuān	chuán	chuǎn	chuàn	chuāng	chuáng	chuǎng	chuàng					8
sh	shuān		shuǎn		shuāng		shuǎng						4

第一课 汉语拼音复习

Table 8: Pinyin syllables with nasal finals **en**, **eng**, **in**, and **ing** (172)

	ēn	én	ěn	èn	ēng	éng	ěng	èng	īn	ín	ǐn	ìn	īng	íng	ǐng	ìng	
b	bēn		běn	bèn	bēng	béng	běng	bèng	bīn			bìn	bīng		bǐng	bìng	12
p	pēn	pén		pèn	pēng	péng	pěng	pèng	pīn	pín	pǐn	pìn	pīng	píng			13
m	mēn	mén		mèn	mēng	méng	měng	mèng		mín	mǐn			míng	mǐng	mìng	12
f	fēn	fén	fěn	fèn	fēng	féng		fèng									7
d					dēng		děng	dèng					dīng		dǐng	dìng	6
t						téng							tīng	tíng	tǐng	tìng	5
n				nèn		néng				nín				níng	nǐng	nìng	6
l					lēng	léng	lěng	lèng	līn	lín	lǐn	lìn		líng	lǐng	lìng	11
g	gēn	gén	gěn	gèn	gēng		gěng	gèng									7
k		kěn		kèn	kēng												3
h		hén	hěn	hèn	hēng	héng		hèng									6
j									jīn		jǐn	jìn	jīng		jǐng	jìng	6
q									qīn	qín	qǐn	qìn	qīng	qíng		qìng	8
x									xīn			xìn	xīng	xíng	xǐng	xìng	6
z			zěn	zèn	zēng			zèng									4
c	cēn	cén			cēng	céng		cèng									5
s	sēn				sēng												2
r		rén	rěn	rèn	rēng	réng		rèng									6
zh	zhēn		zhěn	zhèn	zhēng		zhěng	zhèng									6
ch	chēn	chén	chěn	chèn	chēng	chéng	chěng	chèng									8
sh	shēn	shén	shěn	shèn	shēng	shéng	shěng	shèng									8
y									yīn	yín	yǐn	yìn	yīng	yíng	yǐng	yìng	8
w					wēng												1

Table 9: Pinyin syllables with nasal finals **ong**, **iong**, **un**, and **ün** (102)

	ōng	óng	ǒng	òng	iōng	ióng	iǒng	iòng	ūn	ún	ǔn	ùn	ǖn	ǘn	ǚn	ǜn	
d	dōng		dǒng	dòng					dūn		dǔn	dùn					6
t	tōng	tóng	tǒng	tòng					tūn	tún	tǔn	tùn					8
n		nóng		nòng													2
l		lóng	lǒng	lòng					lūn	lún		lùn					6
g	gōng		gǒng	gòng							gǔn	gùn					5
k	kōng		kǒng	kòng					kūn		kǔn	kùn					6
h	hōng	hóng	hǒng	hòng					hūn	hún		hùn					7
j					jiōng		jiǒng						jūn			jùn	4
q					qiōng	qióng							qūn	qún			4
x					xiōng	xióng							xūn	xún		xùn	5
z	zōng		zǒng	zòng					zūn		zǔn						5
c	cōng	cóng							cūn	cún	cǔn	cùn					6
s	sōng		sǒng	sòng					sūn		sǔn						5
r		róng	rǒng									rùn					3
zh	zhōng		zhǒng	zhòng					zhūn		zhǔn						5
ch	chōng	chóng	chǒng	chòng					chūn	chún	chǔn						7
sh									shūn		shǔn						2

* Altogether we have practiced 1297 Pinyin syllables in 9 tables.

第二课 电脑输入汉字（一）：完整输入法
(Teach Yourself How to Type Chinese — Complete Input)

电脑输入汉字的方法有多种，我们要学习的是"Microsoft Pinyin IME*"。它又包括了"完整输入法 (Complete input)"和"不完整输入法 (Incomplete input)"。今天我们先学习"完整输入法 (Complete input)"。完整输入，就是把拼写一个字或一个词的拼音字母全部键入。

There are many ways to type Chinese characters on a computer. Here, we are learning the Microsoft Pinyin IME. We will learn how to type Chinese with both the "complete input" method and the "incomplete input" method. Today we will first learn how to type Chinese with the "complete input" method. The "complete input" method requires that you spell out every letter in each pinyin syllable for the character or phrase you want to type.

一个字一个字地分别输入

如果你想输入"妈妈"二字，可以先键入第一个"妈"字的拼音"ma"，选字框 (Character selection bar) 中就会看到：

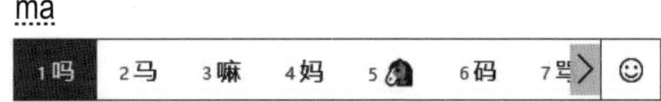

只要点击数字键"4"，电脑屏幕上就会出现"妈"字，这样重复一次，得到第二个"妈"字，"妈妈"二字的输入就完成了。

你可能会注意到，选字框 (Character selection bar) 里的"吗、马、嘛、妈、码、骂"等六个字，并不是用"m"和"a"拼出的所有的字，比如说我们学过的"蚂蚁"的"蚂"字，这里就没有。要找到"蚂"字，应该再按"+"键，或者点击选字框右面的向前箭头键">"，选字框里会出现另一行由"m"和"a"拼成的字，那里面就可能有"蚂"字：

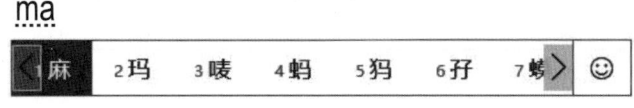

---

* Microsoft Pinyin IME (Input Method Editor) 也是美国 College Board 主办的 AP Chinese Exam 使用的中文输入法。

如果没有，可以再按"+"键继续往下找。如果你想回到前面那些字，只要按"−"键就行了。记住，往前找按"+"键或选字框右面的箭头键">"，往回找按"−"键选字框左面的箭头键"<"。

选字框里的汉字的排列，有一个"高频先见 (priority of high frequency)"的规则 (rule)。也就是说，一个字使用次数越多，它的位置就会在越前面。

Characters in the character selection bar appear in frequency order, which means the more frequently a character is used, the higher in order it appears in the character selection bar.

比如说，你打字的时候"妈"字用得很多，它的位置就会自动前移。试一试，输入几次"妈"字，你会发现"妈"字的位置前移了，不再是"4"，而是"3"或"2"，甚至是"1"，这样，以后输入"妈"字就更加方便了。

课堂练习I：老师念，学生输入汉字（括号里的汉字不用输入）

1) 大　2) 小　3) 多　4) 少　5) 上　6) 下　7) 来　8) 去　9) 前　10) 后　11) 左　12) 右
13) 高　14) 低　15) 快　16) 慢　17) 爸　18) 妈　19) 哥　20) 姐　21) 弟　22) 妹　23) 猫　24) 狗
25) 打（打架的打）　26) 答（回答的答）　27) 笔（铅笔的笔）　28) 鼻（鼻子的鼻）
29) 忙（急忙的忙）　30) 忘（忘记的忘）　31) 旧（新旧的旧）　32) 救（救人的救）
33) 秋（秋天的秋）　34) 球（篮球的球）　35) 休（休息的休）　36) 修（修车的修）

一个词一个词地整体输入

一个字一个字地输入中文，并不是最快的方法，如果你一个词一个词地输入，就会快得多。如果把拼成"妈妈"一词的四个字母 "mama" 一下子输入，选字框里就会出现：

ma'ma
1 妈妈　2 麻麻　3 骂骂　4 mama　5 吗　6 马　7 嘛 >

只要选数字"1"或点击空格条 (space bar)，"妈妈"的输入就一次完成了。（如果一个字的位置是"1"，也可以直接按空格条就行了）。

注意：键入词的字母要连续，中间不要有空格。

[Note: The letters of the typed word should be continuous, with no spaces in the middle.]

你会发现，一个词(usually more than one syllable)一个词地连贯输入，比一个字一个字地(always one syllable)分别输入要快得多，也方便得多。更加重要的是，以词为单位(词 as a unit)的输入不容易出错。所以，凡是可以用词输入的时候，应该尽量用词输入！

More importantly, you are less likely to make mistakes when you type word by word as a unit. So whenever possible, you should type word by word, rather then character by character.

课堂练习II：

Type the following Chinenese words with the method of complete input while your teacher read them for you. Type every word as a whole unit. Don't type the characters in a word separately.

1) 学习 2) 工作 3) 游戏 4) 起床 5) 上学 6) 休息 7) 回家 8) 睡觉
9) 早餐 10) 午餐 11) 晚餐 12) 电脑 13) 铅笔 14) 听课 15) 老师 16) 学校
17) 马上 18) 大家 19) 我们 20) 你们 21) 他们 22) 今天 23) 昨天 24) 明天
25) 游泳池 26) 网球赛 27) 橄榄球 28) 世界杯 29) 马拉松 30) 小提琴
31) 音乐会 32) 好朋友 33) 数学课 34) 生日聚会 35) 花样滑冰 36) 奥林匹克

虽然中文字都是单音节的，但是我们常用的中文词却大多是双音节甚至是多音节的。这些多音节的词，如果分成一个字一个字来打，很容易出错。比如有的同学把"非常"打成"非长"，把"回家"打成"会家"，把"觉得"打成"觉的"，把"再见"打成"在见"，这些都是因为把词分成一个字一个字打的时候，选字不小心造成的。我们输入中文的时候，凡是可以在英文中成为一个 word 或一个 phrase 的字，就最好连在一起输入，这样就不容易出错了。送给同学们一首顺口溜：

打字容易不错难，
选字框上细挑选。
只打字词不打句，
认真检查好习惯。

从一开始就养成好习惯

对于熟悉英文打字和汉语拼音的同学，用拼音输入汉字并不困难。但是，也不像初上手时那么容易——很多同学由于开始学习时掉以轻心，没养成好习惯，结果后来用电脑输入中文句子和文章时，常常出现错误。而且，坏习惯一旦养成，就不容易改正了。所以，我们必须在开始学习汉字输入的时候就养成好习惯。

Typing Chinese is not always as easy as when you first started ---- once you have taken on some bad habits, which often result in typing errors, they are hard to get rid of.

好习惯1）：眼睛盯着选字框，认真选字。（我们在电脑上输入英文的时候，没有选字框。学习中文输入时，要学会注意看选字框。）
Good habit I – Always pay attention to the character selection bar, and pick characters carefully.

好习惯2）：完成输入后要仔细检查。（英文输入电脑软件里有 spelling check，中文没有，我们要自己做检查，防止错误的发生。）
Good habit II – Always check carefully after picking your characters.

课堂练习III：以下有14组字，每组两个字的拼音相同或相近，但意思不同，非常容易错，而且错了不容易改。必须一开始就学会避免错误。请老师念，由学生输入，再由学生想出避免犯错的办法，并和同学们分享：

1：在（在哪里）vs. 再（再见）；　　　2：个（一个人）vs. 各（as each）

3：没（没有）vs. 每（as every）；　　4：因（因为）vs. 应（应该）

5：以（可以）vs. 已（已经）；　　　　6：有（有了）vs. 又（又来了）

7：这（这里）vs. 着（说着）；　　　　8：哪（where）vs. 那（there）

9：长（long）vs. 常（often）；　　　 10：买（buy）vs. 卖（sell）

11：到（到了）vs. 道（知道）；　　　12：更（更加）vs. 跟（跟上）

13：的（of）vs. 得（get）；　　　　　14：回（back）vs. 会（can, may）

给教师的提示

一定要帮助学生在学习中文输入的一开始就养成"认真选字"和"仔细检查"的好习惯，其重要性怎么强调也不过分。

第三课 电脑输入汉字（二）：不完整输入法
(Teach Yourself How to Type Chinese — Incomplete input)

同学们在练习汉字完整输入时可能已经发现，有时候，常常还没有来得及把拼音全部键入，那个字就已经出现在选字框 (character selection bar) 里了，那是因为拼音输入软件有"不完整输入(incomplete input)"的功能。

You might have already noticed that sometimes the character you want to type appears in the character selection bar before you have finished typing all the letters in the pinyin spelling. This happens because most Chinese input applications support "incomplete input."

"不完整输入"，就是输入中文的时候不键入汉字的全部拼音字母，而是只键入一部分字母，比如一个字的声母(initials)，或一个词里所含的声母和一部分韵母 (finals)，然后在选字框里挑选我们需要的汉字。

The "incomplete input" method allows you type only some letters in a character, word or phrase, for example, the initial of the pinyin of one single character, or the initials and some finals of the pinyin spelling of a word or a phrase, and the computer will suggest all the possible corresponding characters in the character selection bar.

单字的不完整输入 [Incompete input of single characters]

用"不完整输入"法输入常用字特别方便。比如说"不"字是一个很常用的字，输入"不"字的时候，不用键入"bu"，而是只键入它的声母"b"，你会看到，选字框上的第一个字就是"不"字：

b
| 1不 | 2吧 | 3把 | 4被 | 5别 | 6并 | 7比 | ☺ |

按下空格条 (space bar)，就完成了"不"字的输入。是不是很方便？另外，我们看到选字框里还有另一些以字母"b"开头的字："吧"、"把"、"别"、"比"等等，只要键入这些字前面的数字，也可以完成它们的输入。

同样，其他的一些常用字，比如"我"、"你"、"的"、"在"、"了"、"就"、"是"等等，用这样的方法输入都很方便。

请看下面的例子：

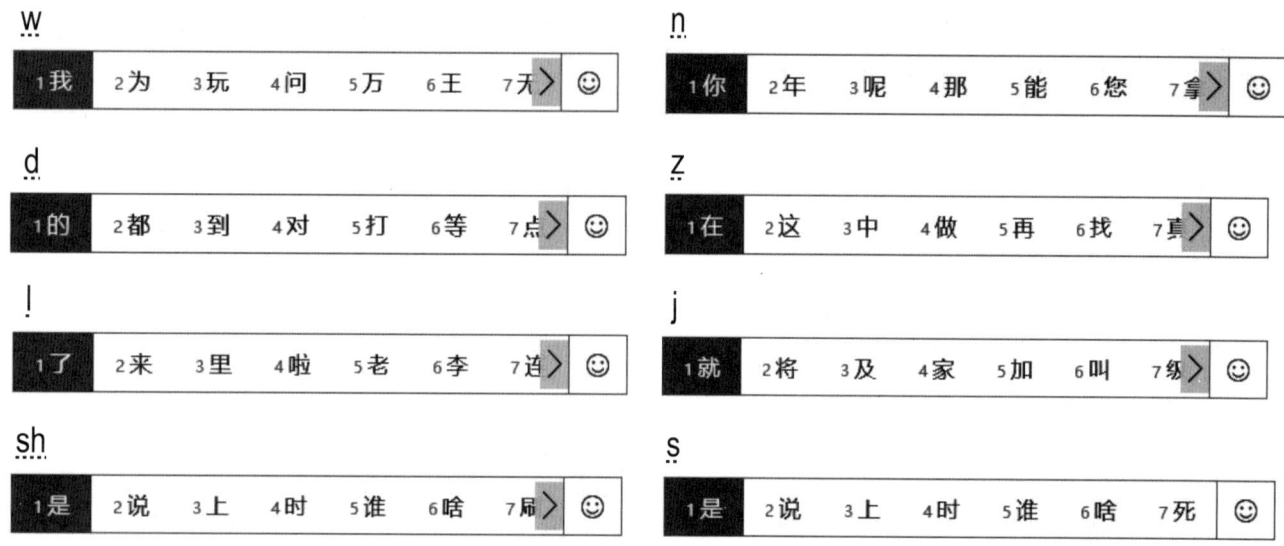

同学们有没有注意到，最后两个输入"是"字的例子，无论键入"sh"还是"s"，选字框的第一个字都是"是"，这是为什么呢？原来，在中国一些地方的方言（fāng yán）里，只有"z""c""s"的发音而没有"zh""ch""sh"的发音，软件设计（ruǎn jiàn shè jì）时考虑到这个情况，就把"zh""ch""sh"开头的一些常用字也放到"z""c""s"开头的选字框里了。

Please pay attention to the last two examples involving "是." "是" appears as the first choice in the character selection bar when either "sh" or "s" is entered. Why is that? Because some Chinese dialects have only "z," "c," and "s," but not "zh," "ch," or "sh" pronunciations. The developers of the Chinese input applications took this into consideration, and you will see frequently used characters beginning with "zh," "ch," and "sh" appear in the character selection bar when you type "z," "c," and "s."

请看上面"在"字的选字框，虽然键入的是"z"一个字母，出现的字里却（què）有"这"、"中"、"找"、"真"四个以声母"zh"开头的字，这也是出于同样的道理（dào lǐ）。

课堂练习 I：
用中文软件分别输入以下字母，在每个字母输入后的选字框里挑两个你喜欢的字：

b, p, m, f, d, t, n, l.

词或词组的不完整输入 [Incompete input of words and phrases]

除了单字，不完整输入法也可以用来输入词。比较方便的做法是先键入词所含字的声母 (initials)，选字框 (character selection bar) 里很可能就会出现你需要的词。

In addition to typing single characters, the incomplete input method also works well with typing words. It is convenient to enter only the consonants of each character in a word, and you will find the word you are looking for in the character selection bar.

比如"大家"这个词，词里两个字的声母是"d"和"j"，键入"d"和"j"这两个声母，选字框里就会出现：

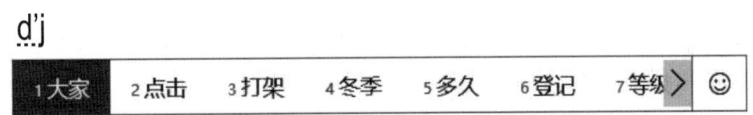

你只要按下空格键，就完成了输入。"大家"一词出现在选字框的第一位上，是因为在一般情况下，所有"d"+"j"开头的词里，"大家"是最常用的。所以只要按一下空格键就完成了输入。再比如"为什么"这个词，词里三个字的声母是"w"，"sh"和"m"，键入"w"，"sh""m"或"w"，"s""m"，选字框上就会出现：

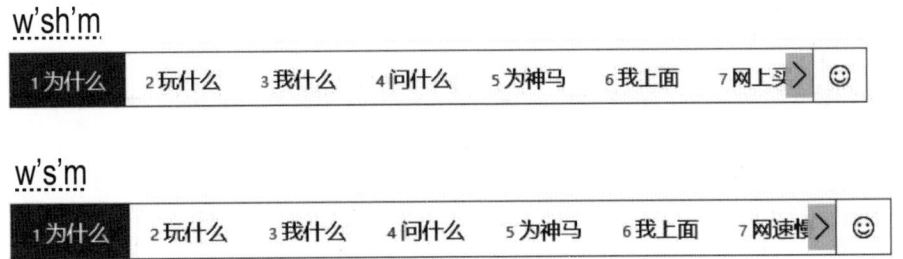

"为什么"在选字框的第一位，只要按下空格键，就完成输入了。同样，在一般情况下，在所有"w"+"sh"+"m"或"w"+"s"+"m"开头的词里，"为什么"是最常用的，所以就出现在选字框的第一位。

但是，我们常常需要输入不是最常用的词，如果只输入声母的话，这个词就不会出现在第一位，比如"暑假(shǔ jià) (summer vacation)"一词，如果只输入声母"sh""j"，选字框里词的排列是这样的：

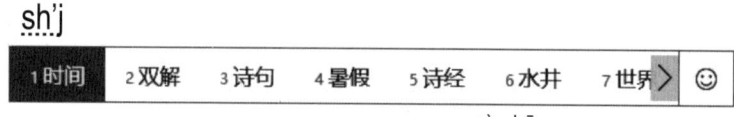

"暑假(shǔ jià)"排在第四位。点击数字"4"，似乎(sì hū)不如按空格键那么方便。

如果你想让"暑假"出现在第一位，可以在两个字里选一个字做完整输入，比如输入"shuj"或"shjia"，这个词出现在选字框第一位的可能性就很大了：

If you want "暑假" to appear as the first choice in the character selection bar, you can choose one character in the word and type out the full spelling of its pinyin. For example, if you enter "shuj" or "shjia," this word will very likely appear as the first choice in the bar.

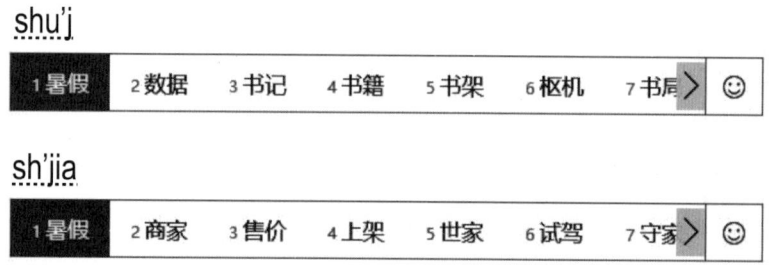

所以，在大多数情况下，比较好的做法是把不完整输入和完整输入结合(jié hé)在一起使用。比如可以先键入词里每个字的声母，如果选字框里这个词还没有出现或在很后面，可以接着键入最后一个字的韵母，这个词很可能就会"跑"到选字框的第一位了。

课堂练习 II：用不完整输入法输入以下的词汇（由老师念，学生输入）

1) 学习　2) 工作　3) 游戏　4) 起床　5) 上学　6) 休息　7) 回家　8) 睡觉
9) 早餐　10) 午餐　11) 晚餐　12) 电脑　13) 铅笔　14) 听课　15) 老师　16) 学校
17) 马上　18) 大家　19) 我们　20) 你们　21) 他们　22) 今天　23) 昨天　24) 明天
25) 游泳池　26) 篮球场　27) 好朋友　28) 世界杯　29) 马拉松　30) 小提琴
31) 弹钢琴　32) 音乐会　33) 数学课　34) 生日聚会　35) 花样滑冰　36) 奥林匹克

句子和段落的输入 [To input a sentence or a paragraph]

我们已经学习了怎样输入字和词，现在来讨论怎样输入句子和段落。

输入一个句子之前，需要思考一下这个句子是由哪些字和词组成的，大致可以分成哪几个部分。比如，我们四年级学习的课文《小丽长大了》里的第一句"小丽一直盼望着自己快点长大"就可以这样分：

小丽'一直'盼望着'自己'快点'长大。

分好以后，一部分一部分地输入(each small section as a unit)。不要一个字一个字地输入，那样太慢，而且容易出错。也千万不要一句一句地输入，那样更容易出错。输入的时候，要记住中文段落第一行开始的时候要空两格 (have an indent)。

课堂练习 III：

请老师一边念，同学们一边用电脑输入整个段落：

小丽一直盼望着自己快点长大。可是，要怎样才能长大呢？她也不知道。为了试试怎样才能长大，她穿过妈妈的鞋子，戴过爸爸的眼镜，还围过奶奶的围裙。但是这一切都毫无用处。相反的，大家还都笑她。

自己造新词

电脑软件已经为我们设置了许多常用的词和词组，可是，有些词和词组电脑软件里就不一定有。比如我们教材作者"马立平"的名字，MS Pinyin 软件里就没有。你的名字，软件里可能也没有。碰到这种情况，我们可以自己造词组，并且让软件"记住"新造的词组。我们现在来试试造"马立平"这个词。先把全部拼音"maliping"键入，选字框里会出现：

ma'li'ping

1 马莉萍　2 麻力坪　3 马丽萍　4 马立　5 玛丽　6 马力　7 马里 >

我们看到，选字框里并没有我们需要的"马立平"这个词。但是，数字"4"后面有我们需要的前两个字"马立"，我们先把这两个字取下来，键入数字"4"，就出现了：

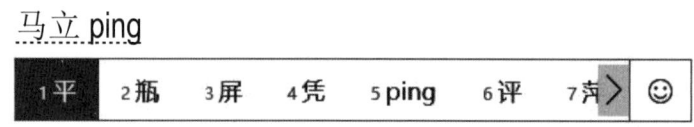

"马立"两个字有了，选字框里接着出现了一些拼音为 ping 的字，我们需要的"平"在第一个，再键入数字键"1"或空格键，这个新词就造成了。以后，当我们输入 maliping，选字框里就会出现：

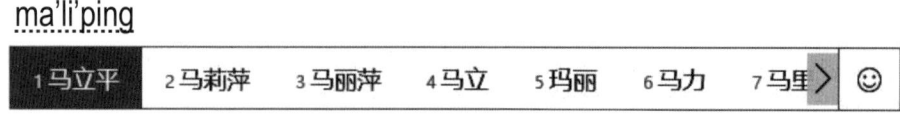

"马立平"就是第一个选项了。如果我们输入的不是全部拼音，而只是声母 mlp，"马立平"也会是选字框里的第一个选项：

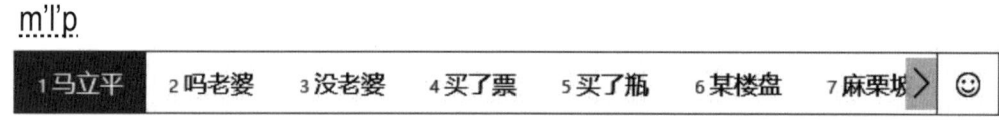

当然，我们造出的新词只能在一个电脑上使用，如果换了电脑，就得重新造。

分界符

输入拼音时中间不能有空格，必要的时候，可以用分界符"'"。比如，用完整输入法输入"西安"一词，需要在"xi"和"an"中间加上"'"，变成："xi'an"，否则就成了"xian"。

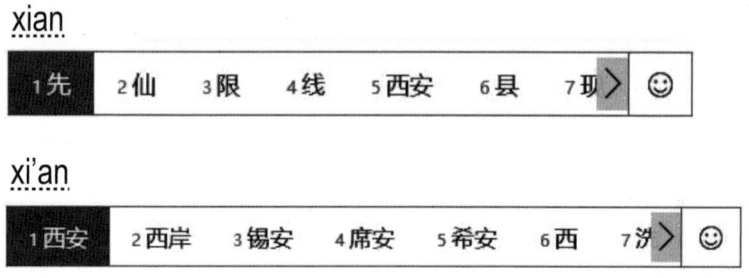

同学们学习输入汉字的时候，请记住三点：

（1）尽量多用词输入，绝对不要直接输入句子。
Try to type word by word; avoid typing an entire sentence all at once;

（2）打字的时候眼睛要注意选字框。
Keep your eye on the character selection bar

（3）完成以后一定要检查。
Always check what you type

字典的准备

我们已经学会了拼音输入中文，下一节课我们要学习查中文字典，请同学们回家准备好中文字典，下次上课时带到学校来。

中国人常用的字典有《新华字典》、《现代汉语词典》、《辞海》等。对于海外中文学校的学生，我们推荐(suggest)一本英汉、汉英双解小字典：Concise English-Chinese Chinese-English Dictionary（由商务印书馆和Oxford University Press共同出版，中国国内许多书店和Amazon.com上都可以买到）。

第一眼看去，这本字典的好处是小，既便于携带，价格又便宜。虽然里面的字词没有大字典那么多，但是对于我们大多数学生是足够了。

这本字典还有更多的好处。它不但用英文解释中文字词，还可以通过英文查到中文字词。试想一下，当我们在一本全部中文的字典上，查到一个不认识的汉字，而这个汉字后面的解释里，又有更多不认识的汉字，那是多么的令人沮丧(frustrated)！

还有，如果我们有一个英文词不知道用中文怎么说，也可以从它的English-Chinese部分查到相应的中文词，这真是给了我们很大的方便。

我们建议中文水平比较高的同学，再增加一本《现代汉语词典》。《现代汉语词典》里，词汇排列整齐醒目，有利于学习中文写作。

第四课 查字典和字典的运用
(Chinese dicitionaries: how to concult and use them)

生活中读书、写作都离不开查字典。字典是我们无声的老师。同学们都已经会查英文字典。中文字典和英文字典有些不同。从英文字典里找词只有一种方法，而从中文字典里找汉字的方法却有许多种，常用的就有拼音检字法，部首检字法，笔画检字法等等。

拼音检字法 (by alphabetical order)

有时候，你想写一个字，你知道这个字的读音，而且以前还在别的地方见过，可就是想不起它是怎么写的，或者只记得这个字的一个部分，想不起整个字的写法。在这种情况下，你可以用拼音检字法很快地在字典里找到这个字。

现在常用的中文字典，都是按照英文字母的顺序排列汉字的，所以你可以根据查英文字典的习惯，很方便地找到和这个字的拼音相同的字，再在那些字里找到这个字就行了。和英文字典稍有不同，在中文字典里，拼音相同的汉字，还根据它们的音调分成几个小组，第一声的在最前面，轻声的字在最后面。比如要找到"大海"的"海"字，先在字典上方找到以"h"开始的拼音，再找"h"后面跟着的韵母"ai"，然后按音调找到"hǎi"。因为你以前见过"海"字，在"hǎi"的一组字里，你能很容易地把它找出来。

可是，当你遇到一个不认识的字，拼音检字法就帮不上你了。你需要用其他检字法，找到那个字在字典里的位置。部首检字法 (by radicals) 和笔画检字法 (by number of strokes) 是最常用的。

课堂练习I：请用拼音检字法在字典里找到以下的字并写上它们的页码：

Character	Page #	Character	Page #	Character	Page #	Character	Page #	Character	Page #
说		听		走		跳		球	
为		牛		多		快		没	

部首检字法 (by radicals)

用部首检字法查汉字，要用到字典里面的两张表。第一张表叫《部首目录 (Index of Radicals)》，表里列着所有的部首，每个部首都有一个部首号 (the number code of the radical)。第二张表叫"部首检字表 (Radical Index)"，表里在每个部首号下面列着所有属于这个部首的汉字。这两张表里每个条目 (items) 的排列，都是按照笔画数目 (number of strokes) 从少到多的顺序。当需要查一个字的时候，先确定这个字的部首，然后分三步进行：

1) 先从第一张表《部首目录 (Radicals Index)》里找到这个字的部首号；

2) 再从第二张表《部首检字表 (Character Index)》里的那个部首号下面，找到这个字的发音或在字典里的页码 (page number)；

3) 根据这个字的发音或页码，找到这个字。

还是用"海"作例子。"海"字的部首是"氵"。查找步骤是：

先在《部首目录》中找到"氵"的部首号 (the number code of the radical)。

再根据部首号在检字表里找到部首"氵"，会看到"氵"下面按照笔画多少，列着许多字。数一数"海"字的另一边"每"字的笔画（七画），在"氵"下面找到七画的部分，从里面找到"海"字，你会看到字的旁边有"海"字的发音"hǎi"，还有一个页码。

最后，根据发音或页码，找到"海"字的详细解释 (detailed explanations) 和含有"海"字的词语以及它们的意思，比如"海洋"、"人山人海"等等。

部首检字法有个缺点，就是有时候不容易确认一个字的部首。

课堂练习 II：请用部首检字法在字典里找到以下的字并填在下面的表里：
(You may want to write the meaning of the characters in English)

Character	Pinyin	Meaning & word forms with it	Character	Pinyin	Meaning & word forms with it
价			彻		
汉			护		
虹			枯		
肝			趾		

笔画检字法 (by number of strokes)

还有一些字典有《汉字笔画索引 (Stroke Number Index)》，可以根据汉字的笔画数，只用一张《汉字笔画索引 (Stroke Number Index)》表来查找不知道读音的汉字。笔画查字的步骤是：

1) 数出要查的字的笔画数（如："土"字是三画，"天"字是四画）；

2) 在《汉字笔画索引 (Stroke Number Index)》里找到那个笔画数的部分（如：要查"土"字的话，就得找到"三画"的部分）；

3) 再在笔画部分里找到那个字的起笔（第一笔）笔画部分（如："土"字的第一笔是横，在三画的〔一〕部下面，就能找到"土"的拼音和在字典里的页码了。*

笔画检字法只通过一张《汉字笔画索引 (Stroke Number Index)》表就能查到一个汉字在字典里的位置，比传统的部首检字法方法更方便些。

新版的汉字字典常常按照拼音排列汉字，并且附有《汉字笔画索引》。这样，知道读音的人，可以用拼音查字法一步查到汉字，知道字形不知道读音的人，可以通过《汉字笔画索引》分两步查到汉字。

在线电子字典
(Online electronic dictionaries)

最近十来年，出现了一种全新的字典——在线电子字典。只要把需要查询的字输进电子设备 (electronic device)，相关的信息就会立刻自动显示出来，这比翻查传统的印在纸上的字典快多了。

---

* 有些汉字的笔画数比较多（六画到十五画），就根据这些汉字的第一、第二笔的组合来分类。

但是，如果不知道一个字的读音，不能把那个字用拼音输入电子设备，那怎么办呢？这时候你需要一个有手写输入汉字的手机或平板电脑，在屏幕上用手把那个你不认识的字"画"上去，它就能自动变成那个汉字，然后你再把那个汉字复制粘贴 (copy & paste) 到电子字典里就行了。

最后要特别提醒大家的是，请不要在学习写中文作文的时候用 google translate 这样的电子翻译软件，因为它翻译的段落很可能会出错，只有中文比较好的人才能知道它翻译得哪里对、哪里不对。如果你还是在学习中文的阶段，却依靠它来写作文的话，那么它只会让你写出十分糟糕的作文，却对你没有任何帮助！

马立平课程

五年级

西游记

改写版

改写 马立平

审定 庄 因

插图 邬美珍

第一回 美猴王出世

传说在很古很古的时候，在大海中有一座美丽的花果山。花果山的山顶上，有一块很大很大的石头。石头的周围，长满了绿草和鲜花。

有一天，只听见"砰……"的一声巨响，那块大石头突然裂开了，从里面跳出了一只石猴来。石猴一出世，就又能跑又会跳。他在花果山上，饿了采花果吃，渴了喝泉水，生活得非常愉快。

有一年夏天，天气很热。石猴和另外一些猴子在树下玩了一会儿，就去小溪里洗澡。众猴看见溪水哗哗地奔流，不知是谁问了一句："咦，真奇怪，这溪水是从哪里流出来的？"大家都纷纷摇头说不知道。

有一只猴子说："咱们沿着小溪往上走，去看看这些溪水到底是从哪里流出来的，怎么样？"

别的猴子都说："好！好！""咱们瞧瞧去！""咱们看看去！"

他们一边叫喊着，一边沿着小溪往上跑。他们跑啊跑啊，突然看见了一道瀑布，高高地从山上挂下来。大家一起拍手叫好，高兴地喊着："哈哟，原来溪水是从这儿流出来的！真好看！真好看！"

这时候，又有一只猴子指着瀑布问："你们说，瀑布里面到底有什么东西？"大家听了，又纷纷摇头。一只老猴子说话了："这样吧，看看谁有本领，能钻到瀑布里去，又不伤着身体，那我们就拜他做大王，好不好？"大家都说："同意！同意！"

老猴子刚说完话，那只石猴一下跳了出来，高喊着："我先进去！我先进去！"

石猴闭起眼睛，蹲下身子，大叫一声："嗨！"用力往前一跳，跳进了瀑布中去。

石猴跳到了瀑布里面。他站稳脚，睁开眼，抬起头，一看，周围并没有水，自己正站在一座铁桥上。

石猴过了铁桥，边走边看，只见前面不远的地方有一座房屋。石猴来到屋前，门是开着的，里面没有一点声音。石猴进了屋，屋里有石桌石床，石盆石碗。他在石床上躺了躺，又在石桌上坐了坐，拿起石盆石碗看了看。石猴走出门来，看见屋边路旁还种着一些花草。真是一个好地方。

石猴非常惊奇。他左看看右看看，一抬头，看到了一块横匾，横匾上有三个大字："水帘洞"。石猴满心喜欢，想到外边的猴子还在等着他呢，他就急急忙忙地往回走。石猴回到铁桥上，他闭上眼睛，蹲下身子，再用力一跳，跳出了瀑布。

那块大石头突然裂开了，从里面跳出了一只石猴来。

众猴见石猴出来了，就纷纷上来把他围住，问道："里面怎么样？水有多深哪？"

石猴高兴地说："嗨，真想不到，里面一点儿水都没有，地方可大啦！还有不少石桌石床、石盆石碗呢！"那些猴子听了，连忙说："你快带我们进去看看！你快带我们进去看看！"

众猴跟着石猴，都闭起了眼睛，蹲下身子，一个接着一个跳进了水帘洞。

众猴过了铁桥，来到了屋子里面，看见那些石盆石碗，都高兴得不得了。一个说："那只碗好，我要那只碗！"一个说："这个盆大，我要这个盆！"众猴把屋里的东西搬过来，搬过去，忙个不停。

这时候，那只老猴子又跳了出来，指着石猴说："我们刚才说好的，谁进得来，又出得去，而且不伤着身体，我们就拜他做大王。现在石猴他进来了又出去，出去又进来，还找了这么好一个地方，给大家睡觉休息，我们应该拜他为大王啊！"

众猴听了，都觉得老猴说得对。

石猴成了美猴王。

老猴就请石猴坐在大石椅子上，大家在石椅前都跪下，拜石猴为王。一只小猴子说："我们叫他美猴王，怎么样？"别的猴子都纷纷地同意。

从此，美猴王领着众猴，白天在花果山上游戏，晚上到水帘洞里休息，日子过得十分愉快。

这样，不知过了多少年。有一天，美猴王突然皱起了眉头，悲伤起来。众猴见了，忙问："大王，咱们有吃有喝，玩得又开心，您怎么不高兴啊？"美猴王说："咱们整天吃喝玩乐，真没意思，应该学点本领才好！"

众猴听了，说："花果山上大王的本领最大，我们都跟着大王学本领吧！"

美猴王摇摇头说："你们跟我学本领，我跟谁学去？"

那只老猴子上前问道："大王，你想学什么样的本领呢？"美猴王说："我想学长生不老(immortal)的大本领。"

老猴说道："那大王就得去找神仙(God)，去学那长生不老的道法(magic methods)。"

猴王听老猴这么一说，才高兴了起来。他对众猴说道："我明天就要离开你们，去找神仙学本领。哪怕是走到天边，我也要把神仙找到，学来长生不老的道法。"众猴听了，都高兴地鼓起掌来。

众猴到山上砍来大树，做了一个木筏(log raft)。他们又采了许多的新鲜水果，欢送猴王。

第二天，美猴王上了木筏，就下海出发了。

第一回 阅读指导

地点

花果山

水帘洞

人物

石猴（美猴王）

另外： 众猴 小猴 老猴

第33页词汇（36）

美猴王 出世 传说 花果山 山顶 周围 长满 绿草 鲜花 巨响
裂开 饿了采花果 渴了喝泉水 小溪 洗澡 众猴 奔流 纷纷
沿着 瀑布 挂下来 拍手叫好 指着 本领 钻到 拜他 同意 蹲下
站稳脚 睁开眼 铁桥 石桌石床 石盆石碗 躺 一块横匾 水帘洞

第34页阅读 提示

长生不老 神仙 道法 木筏
（chángshēng）（shén xiān）（dào fǎ）（fá）

第二回 猴王学本领

美猴王离开花果山，找了好几年，也没有找到神仙。有一天，他来到了一座高山上。他在山里走着走着，突然，听见树林中有人唱歌："我的邻居呀，就是神仙。"猴王听到"神仙"两个字，高兴极了："嘿，神仙原来躲在这里！"

猴王跳进树林一看，看见一个打柴的人正在唱歌。猴王连忙上前叫道："老神仙，你原来躲在这里！"那打柴人看了猴王一眼，说："哪里！哪里！我是一个打柴人，不是神仙！"猴王说："你不是神仙，为什么唱神仙的歌呢？"打柴人一听，哈哈地大笑起来，说道："我不是神仙，可是我的邻居却是神仙！"打柴人告诉美猴王说："这山上有个三星洞。洞里有一个神仙，他叫菩提祖师。你顺着这条小路，向南走不远，就会到他家了。"

猴王谢了打柴人，走出树林。他顺着山路，过了一个小山坡，突然看到了一个山洞。那山洞的门关着，门上有一块横匾。横匾上有三个大字："三星洞"。猴王看了半天，不敢敲门。这时他肚子饿了，就跑到树枝上摘果子吃。猴王正在树上吃果子，只听见"嘎……"的一声，洞门开了。洞里走出了一个少年，对猴王说："师父叫我出来开门，说门外有个来学道法的人等着，这人一定就是你了？"猴王连忙丢了果子跳下树来说："是我，是我！"少年说："那你就跟我进去。"

猴王赶忙整理整理衣服，跟着少年走进了洞里。只见菩提祖师坐在一个高台上，有十几个徒弟站在两旁。猴王倒身下拜，叫着："师父！师父！"祖师说："你是哪里人？先把家乡和姓名说明白了，再拜。"猴王说："弟子是花果山水帘洞人。"

菩提祖师听了，大喝一声："说谎！原来来了个骗子，赶他出去！"猴王忙说："弟子没有说谎。"祖师说："你既然没有说谎，怎么说住在花果山？花果山到三星洞，远隔千山万水，你怎么能来到这里？"猴王说："弟子漂洋过海，找了好几年，才找到这里。"祖师这才点了点头，又问："你姓什么？"猴王说："我无父母，也无姓。"祖师说："你没有父母，难道是树上生的？"猴王说："我虽然不是树上生的，却是石里长的。花果山上有一块石头，石头裂开，我就这样出生了。"祖师听了，心里暗暗欢喜，说："这么说，你是天地生成的了。你起来走走，让我看看。"猴王跳了起来，走了几步。

祖师笑着说："哈哈，你走路，像个吃松果的猢狲，我看你就姓孙吧。"猴王满心喜欢，说："好！好！师父再给我起个名字吧。"祖师说："也好。你就叫孙悟空吧。"猴王有了姓名，更加高兴，从此，就留在三星洞里学习道法了。

有一天，菩提祖师给徒弟们讲道。孙悟空一边听，一边眉开眼笑，手舞足蹈。祖师看见了，问道："孙悟空，你在下面为什么乱动？"悟空说："弟子听师父讲到好听的地方，一时高兴，手脚就乱动了起来。请师父原谅！"祖师说："你到我这里来，想跟我学些什么呢？"悟空回答："我听师父的。"

祖师说："我这道法，有三百六十门，我教你'术'字门里的道吧！"悟空问："可以长生不老吗？"祖师说："不能！不能！"悟空摇摇头，说："不学！不学！"

祖师又说："我教你'静'字门里的道吧！"悟空问："能长生不老吗？"祖师说："不能！不能！"悟空也摇摇头，说："不学！不学！"

祖师再说："那我教你'动'字门里的道吧！"悟空问："能长生不老？"祖师说："不行！不行！"悟空还是摇摇头，说："也不要学！不要学！"

祖师听了，大喝一声："你这猢狲，这也不学，那也不学，你到底要学什么？"祖师跳下高台，手拿戒尺，在孙悟空头上打了三下，就倒背着手，走进屋里，把前门关上，不出来了。

众人一看，都说悟空："你这家伙，这也不学，那也不学，还和师父顶嘴！这一下，师父生气进去了，连我们也听不成道法了！"悟空只是笑嘻嘻的，却一点儿也不着急。原来，他已经猜出师父的意思了：打了他三下，是叫他半夜三更时候留心；倒背着手走入里面，把前门关上，是叫他从后门进去，秘密教他道法。

悟空在三星洞门前，恨不得马上天黑。等天黑了，他躺在床上，闭着眼睛，却不真睡。半夜，他轻轻地起来，穿上衣服，又轻轻地来到师父屋子后门外，只见那后门半开半关着，悟空心里暗暗欢喜。他走进门里，来到祖师床前，见祖师正睡得香。悟空不敢惊动，只好在床前跪着。过了一会儿，祖师翻了个身。

悟空立刻叫道："师父，弟子在这里等着呢。"祖师坐起来，说："孙悟空！你不在前边睡，来我这后边做什么？"悟空说："师父白天用戒尺打我头三下，难道不是让我三更时候来学道法吗？"祖师心想："他真是天地生成的，不然怎么能猜出我的意思呢？"于是对悟空说："好吧，你过来，我教你长生不老的道法。"悟空磕头谢了，跪在床前，用心听记祖师教他长生不老的口诀。

悟空记住了口诀，拜谢了师父，出门来，东方已经发白了。悟空回到自己的床上，故意把床摇得直响，大声喊："天亮了，天亮了！快起来吧！"那些师兄弟们都睡得正香，谁也不知道悟空已经学到了长生不老的口诀了！

祖师跳下高台，手拿戒尺，在孙悟空头上打了三下。

很快又过了十年。有一天，祖师在台上讲课的时候，突然问："悟空在哪里？"悟空回答："弟子在！"祖师说："你过来，我再教你七十二般变化。"悟空上前跪下，师父在悟空耳边，教了他变化的口诀。悟空记住了口诀，日夜苦练，把七十二般变化，都学成了。过了几天，祖师又让悟空学筋斗云，一个筋斗能翻十万八千里。

一天，悟空和大家在松树下说笑。有人问："悟空，师父教你的那些变化，你都会了吗？"悟空回答："师父教了我口诀，我日夜苦练，那些变化都会了。"大家说："你表演表演，让我们大家看看。"悟空听了，笑着问："你们说，要我变什么？"有人说："就变棵松树吧。"悟空摇身一变，真的变成了一棵松树。大家见了，拍手哈哈大笑，齐声说："好猴儿！好猴儿！"

没想到，众人的叫喊声惊动了祖师。

祖师出来问："是谁在这里吵吵闹闹？"大家只好说："师父，刚才是孙悟空变化玩耍。叫他变棵松树，他果然变成了松树。弟子们见了，拍手叫好，惊动了师父，请师父原谅。"

祖师想了想，对众人说道："你们都回洞里去吧。"又叫："悟空，过来！我问你，你变什么松树，在别人面前卖弄？"悟空低下头说："请师父原谅！"祖师说："我也不怪你。只是你离开这里吧。"悟空听了，满眼流泪："师父，你叫我往哪里去？"祖师说："你从哪里来，就回到哪里去就是了。"

悟空没有办法，只得谢了师父，告别了大家。他翻了一个筋斗云，不一会儿就到了花果山。悟空跳下云头，叫道："孩儿们，我回来啦！"水帘洞下的山坡边，花草中，树林里，大大小小，跳出了千千万万个猴子来，把美猴王围在了当中。悟空把自己学习道法的经过，仔仔细细地讲了一遍。

众猴听了，都非常高兴，赶忙拿来美酒鲜果，迎接猴王。悟空又说："我再告诉你们一件高兴的事儿，咱们这一家都有姓啦。"众猴问："大王姓什么呀？"悟空回答说："我姓孙，名悟空。"众猴一起拍手叫好，说："大王是老孙，那么，我们都是二孙、三孙、四孙、小孙，是一家孙，一国孙！"众猴纷纷来给悟空敬酒，葡萄酒，苹果酒，大盆小碗的，真是全家欢乐，热闹非凡！

孙悟空没有办法，只得谢了师傅，告别了大家。

第二回 阅读指导

地点

三星洞

人物

菩提祖师(pú)

另外： 孙悟空（猴王） 打柴人(cái servant) 少年 众徒弟(tú)

第36页词汇（36）

神仙 邻居 原来 躲在 打柴 三星洞 菩提祖师 山坡(hill) 关着 不敢

敲门 少年 师父 道法 整理 衣服 高台 徒弟 倒身下拜 家乡

姓名(xìng) 大喝一声 说谎 骗子 弟子 既然 远隔 千山万水

漂洋过海 父母 暗暗欢喜(àn) 天地生成 猢狲(hú sūn) 孙悟空 更加 留在

第37页第38页阅读提示

讲道 "术"字门(shù) "静"字门 "动"字门 戒尺(jiè chǐ) 前门 后门

三更(gēng) 口诀(jué) 磕头 七十二般变化(bān) 筋斗云(jīn)

第三回 喜得金箍棒

水帘洞附近有个妖怪，经常来花果山捣乱。悟空回到花果山后，赶走了妖怪，夺得了一把大刀。

有一天，悟空对众猴说："我想给你们找些兵器。你们有了兵器，以后如果还有敌人来捣乱，才能打赢他们。但是，到哪里去找兵器呢？"这时候，走上来四只老猴，对悟空说："大王要找兵器，那非常容易。从我们这花果山向东走，过了二百里大海，就是傲来国。大王到那里的兵器店里，买些兵器或造些兵器，不就行了吗？"悟空听了，满心喜欢地说："你们在这里等着，我去去就来。"

悟空驾起筋斗云，眨眼间，就过了二百里大海，来到了傲来国上空。他往下一看，大街上人们来来往往。悟空心想："这里一定有兵器店，我来想个办法，搬一些兵器回去。"于是，他念起了咒语，呼地吹了一口气，立刻就变成了一阵大风。街上的人们，看见忽然起了狂风，都纷纷关起门，躲到屋里去了。

悟空按下云头，找到了兵器店。他拔下一把毫毛，念起咒语，说了声"变！"就变成了千百个小猴，有的拿刀，有的拿枪，力大的拿三五件，力小的拿一两件，把店里的兵器，搬得干干净净。孙悟空带领小猴，驾起筋斗云，返回花果山。

花果山上的大小猴儿，正在山上玩，只见半空中飞来黑压压无数猴子，都吓得乱跑乱躲。眨眼间，千百只小猴已经把兵器堆在了山前。悟空按下云头，把身子一抖，收了毫毛，叫道："孩儿们，快来拿兵器！"众猴跑出来一看，只有悟空一人站在地上，那些猴子都不见了，连忙跑来问原因。悟空把起狂风，变小猴，搬兵器的情形说了一遍。众猴高兴得拍手叫好。

第二天，悟空对众猴说："你们都有兵器了，可是我这把大刀太轻，不好用。"四只老猴上前问道："大王，不知你能不能去水里？"悟空说："我有七十二般变化，又会翻筋斗云，哪里不能去？"一只老猴说道："从我们这铁桥下去，就是东海龙宫。龙宫里一定有好兵器！"悟空听了，欢喜地说："好，我去去就来！"

悟空跳到桥头，念起咒语，噗通一声跳进水中。他分开水路，直入东海，来到了龙宫门前。一个虾兵上前问道："请问你是哪位神仙？"悟空说："我是花果山美猴王孙悟空，是你们老龙王的邻居。"那虾兵急忙回去报告："大王，外面有个花果山美猴王孙悟空，说是大王的邻居，马上就要进宫了。"东海龙王连忙起身，带领虾兵蟹将出宫迎接。

东海龙王连忙起身，带领虾兵蟹将出宫迎接。

悟空来到龙宫坐下。龙王问:"请问猴王来龙宫有什么事情?"

悟空说:"我没有一件好用的兵器,特来龙宫讨一件。"

龙王马上叫虾兵取出了一把大刀。悟空上前一拿,说:"对不起,这刀轻了些,请另换一件。"

龙王又让蟹将抬出了一把钢叉。悟空接在手中,舞了一阵,放下说:"还是太轻!太轻!请再换一件。"龙王笑着说:"猴王请看,这里写着,重三千六百斤呢!"悟空摇摇头说:"不好用!就是不好用!"

龙王听了,又叫虾兵蟹将一起抬出了一根画戟,说:"猴王,这根画戟有七千二百斤重。请再试试。"悟空上前,拿在手中,舞了一阵,说:"轻!轻!还是太轻!"

龙王听了,心中暗暗害怕,说:"猴王,我宫中只有这根画戟最重,再也没有什么别的兵器了。"悟空笑笑说:"人人都说你东海龙王天下最富,你没宝,我不相信!你再找找看。"龙王说道:"真的再也没有了。"

正说话间,龙婆、龙女从后面走了出来说:"大王,海底那块神铁,最近几天金光闪闪,我们是不是请猴王去看看呢?"

龙王说:"那块神铁,能做兵器用吗?"

龙婆说:"管它能不能用呢!送给猴王,打发他走就是了。"龙王一想也对,就向悟空说了。悟空说:"快拿出来让我看看!"龙王说:"拿不动!拿不动!要请猴王亲自去看才行!"悟空:"那块神铁到底在哪里?快带领我去看看!"

龙王领着悟空来到了海底,果然看见金光万道。

龙王指着说:"那放光的就是。"

悟空走上前一摸,原来是根粗粗的铁柱子,抬头看去,有两丈多长。悟空两手抱住神铁,说道:"太粗太长了些。要细些短些才好用!"悟空刚说完,那铁柱子就短了一些,细了一些。悟空又说:"再细些更好!"话音刚落,铁柱子又细了一些。悟空十分欢喜。

悟空双手提起神铁,仔细一看,原来两头是两个金箍,中间是一段黑铁。紧靠金箍的地方,刻有一行字:"如意金箍棒,重一万三千五百斤"

悟空心中更加欢喜，暗想："这神铁大概能随人意，让我再试一试。"他拿着神铁，一边走一边念道："再短再细一些更好！"果然，悟空话音刚落，那根铁棒变得只有碗口粗细了。悟空舞着金箍棒，对龙王说："多谢龙王帮忙。不过我还有一件事，也得请你帮忙。"龙王说："猴王还有什么事？"悟空说："现在我有了金箍棒，可惜没有好的披挂，请你送我一身披挂吧。"

老龙王摇摇头说："披挂实在是没有。"悟空举起金箍棒："真的没有，那就请你试试我这条铁棒！"

龙王慌了："猴王，请不要动手！不要动手！让我看看我的弟弟有没有。"悟空问："你弟弟是谁？"龙王说："我有三个弟弟，他们是南海龙王、北海龙王、西海龙王。"悟空说："老孙不去！不去！我只问你要。"

龙王说："不用猴王去。我这里有一面铁鼓，一口金钟。只要我敲起铁鼓，撞起金钟，弟弟们马上就会到。"悟空说："那你快些敲鼓撞钟！"

过了一会儿，钟鸣鼓响。又过了一会儿，三海龙王一起来到，等在龙宫外面。

南海龙王问道："大哥，你有什么要紧事情，敲鼓击钟？"东海龙王说："不好了！不好了！有一个花果山的什么猴王，早晨来问我要兵器。送他钢叉说太小，送他画戟又说太轻。后来，把那块海底的神铁都拿去了。现在他坐在宫中，又要什么披挂。我这里实在是没有，所以请兄弟来。你们可有什么披挂，送他一身，把他打发走算了。"

南海龙王一听，大怒："那还得了，我去把他抓起来！"老龙王连忙说："不行，不行，那猴子很厉害，打起来，我的龙宫就完啦！"西海龙王说："那咱们先送他一身披挂，打发他出了门，再到天上去报告玉皇大帝，让玉帝去杀他。"

北海龙王说："说得对。我这里有一双步云履。"

西海龙王说："我有一件黄金甲。"

南海龙王说："我有一顶紫金冠。"

东海龙王大喜，把他们引入宫中和悟空见面，送上了披挂。

悟空把紫金冠、黄金甲、步云履都穿戴好了，对四海龙王说："多谢！多谢了！"他把金箍棒拿在手中，叫声："小！小！小！"金箍棒立刻就小得像一根针。悟空把金箍棒塞在耳朵里面藏起来，高高兴兴地回水帘洞去了。

水帘洞里，美猴王头戴紫金冠，身披黄金甲，脚穿步云履，手拿金箍棒，把向龙王要宝贝的经过，告诉了众猴。众猴听了，个个欢天喜地。

悟空得了金箍棒后，让四个老猴做了四将军，带领众猴。悟空自己和水帘洞附近的牛魔王、狮驼王等交上了朋友，你来我往，十分热闹。

悟空高高兴兴地回水帘洞去了。

第三回 阅读指导

地点

花果山　傲来国　东海龙宫

人物

猴王（孙悟空）

东海龙王

牛魔王(mó)

另外：　虾兵　蟹将(xiè jiàng)　龙女　龙婆(pó)　南海龙王

西海龙王　北海龙王　四老猴　狮驼王

第40页词汇（36）

喜得　金箍棒(gū bàng)　附近　妖怪　捣乱(dǎo)　夺得　一把大刀　打赢(yíng)　傲来国
兵器店　造些　驾起　筋斗云　眨眼间　大街　来来往往　念起
咒语　狂风　按下云头　拔下　毫毛　搬得　干干净净　带领　返回
黑压压　无数　堆在　一抖　原因　情形　可是　东海龙宫　虾兵蟹将
迎接

第41页第42页阅读提示

钢叉　画戟　神铁　二丈多长　披挂　鼓　钟　步云履(lǚ)　黄金甲(jiǎ)　紫金冠(guān)

第四回 不当养马官

再说天上的玉皇大帝,有一天正坐在他的灵霄宝殿上。忽然,东海龙王跑来求见。原来,老龙王是来向玉帝报告孙悟空大闹龙宫的事。玉帝问道:"这只妖猴,怎么会有这么大的本领?"玉帝手下的千里眼和顺风耳说道:"这是只三百年前天地生成的石猴,不知这几年在哪里学道成仙,有了这些本领。"

玉帝又问:"哪位天将愿意去捉拿这只妖猴?"

太白金星站出来说道:"这只猴子既然学道成仙,又有这么大的本领,陛下可以把他叫上天来,养在天上。以后如果再闹事,捉拿起来不是更加方便?"

玉帝听了,感到这个主意不错,就派太白金星去花果山,叫孙悟空上天。

太白金星出了南天门,驾起云头,来到花果山水帘洞。他对众小猴说:"我是天上玉皇大帝派来的,请你们大王上天去。快去报告他。"悟空听到小猴的报告,高兴地说:"我这两天正想上天走走,就有人来请我,真好!真好!"

他忙叫道:"快请进来!"太白金星进来,请悟空上天。悟空高兴地说:"多谢!多谢了!"

太白金星说:"玉帝正在灵霄宝殿上等着你呢,请大王赶快动身吧。"

孙悟空叫来四将军,吩咐说:"你们在家管着小猴,等我上天去看看路,好带大家上去同住。"

太白金星和悟空出了水帘洞,驾起云头,来到空中。悟空的筋斗云特别快,金星哪里跟得上,被悟空远远地甩在后面。悟空到了南天门,收住云头,正想进南天门,被守门的天兵天将给挡住了。

过了一会儿,金星来到。悟空不高兴地说:"你这老头,怎么骗我?你说玉帝请我,却怎么叫这些人挡住天门,不放我老孙进去?"金星笑着说:"大王别急。你没有来过天宫,天兵不认识你,他们怎么能随便放你进去呢?等见了玉帝,当了天官,你再进出天门,就没有人敢挡你了!"

金星领着悟空进了天门,来到灵霄宝殿。金星向玉帝跪下。说道:"陛下,孙悟空带来了。"

玉帝问:"哪个是孙悟空?"

悟空不跪也不拜,把腰一弯,说道:"老孙就是。"

玉帝皱皱眉,问众神仙:"你们说,可以给悟空做个什么官?"

金星说:"天马棚正缺一个弼马温。"

玉帝便说:"那么就让悟空做弼马温吧。"

悟空欢欢喜喜来到天马棚。他日夜不睡,认真看管,把天马养得又肥又壮。

悟空不跪也不拜。

一天,悟空正和别人一起喝酒,忽然停杯问道:"弼马温这官有多大?"众人都不说话。悟空说:"你们不说话,是不是这官最大?"众人说:"不大,不大,这样的官,最小最小,只是给玉帝养马的。"

悟空听了,心头火起,咬牙大怒,说道:"原来这么小看我老孙!我老孙在花果山当美猴王,却被你们骗来替玉帝养马!算了!算了!"哗啦一声,孙悟空推倒了桌子,从耳中取出了金箍棒,晃了一晃,那棒变得碗口粗细,一路就打出了天马棚,直奔南天门。守门的天兵不敢阻挡,就让他打出天门去了。

悟空回到花果山,高声叫道:"孩儿们,老孙回来了!"众猴把悟空迎进洞去,四将军问道:"请问大王在天上做了什么官?"悟空摇摇手说:"不好说!不好说!那玉帝让我做一个什么弼马温,原来是给他养马的。我开始不知道,后来才明白了,就推倒桌子,回花果山了!"众猴说:"回来得好!回来得好!大王在花果山为王,那么快乐,为什么要去给人家养马呢!"

众猴正喝着酒,牛魔王来了。牛魔王说道:"听说大王在天上当了一个什么弼马温,大王有这么大的本领,怎么可以给人家去养马呢?要当,就当个齐天大圣!"悟空听了,非常高兴,叫人拿来一面大旗,写上"齐天大圣"四个大字,高挂在水帘洞外,随风飘扬。

第二天,玉帝听说弼马温打出天宫,回花果山了,就派托塔李天王带领哪吒三太子等众神仙,去捉拿悟空。

李天王派巨灵天将为先锋,出了南天门,直奔花果山。巨灵天将双手提着一对铜锤,来到水帘洞门外叫战。门外小猴连忙跑到洞中报告:"大王,门外有一位天将,说是玉帝派到这里来捉拿大王的,叫我们早早出去投降呢!"

悟空听说后,就急忙戴上紫金冠,披上黄金甲,穿上步云履,手拿金箍棒,走出了洞门。巨灵天将一见,高声叫道:"妖猴,你认得我吗?"悟空看看他,问:"你是谁?我老孙没有见过你,赶快报上姓名来。"巨灵天将说:"我是李天王的先锋,巨灵天将!玉帝派我来捉拿你。赶快投降吧,要是说半个'不'字,我就叫你立刻粉身碎骨!"

悟空听后大怒,说:"你不要吹牛!我本想一棒打死你,只怕没有人上去报信。快快回去对玉皇说,我老孙有天大的本领,为什么叫我做一个给他养马的?你看我这面大旗上的字,叫齐天大圣。他如果听我的,让我当齐天大圣,我就不动兵不动刀!要是他不听,我就打上灵霄宝殿去!"巨灵天将一听,冷笑一声,喝道:"妖猴,吃我一锤!"

悟空举起了金箍棒迎了上去。战了两个回合,悟空一棒打下去,只听见"喀嚓"一声,锤柄被打成了两段。巨灵天将没有了兵器,连忙转身就逃。悟空笑着说道:"这次我老孙饶了你,你赶快回去报信!"

悟空一棒打下去,只听见"喀嚓"一声,锤柄被打成了两段。

第四回 不当养马官　课后阅读

巨灵天将被打败了，李天王大怒。哪吒站出来说："父王，请让我出战！"哪吒按下云头，来到水帘洞外。悟空见了，迎上前来问："你是谁家的小孩子，到我洞前来做什么事？"哪吒喝道："我是托塔李天王三太子哪吒，今天特来捉你！"悟空笑着说："你小小年纪，怎么敢说这样的大话？我不打你，快去告诉玉帝，如果不让我当齐天大圣，我就一定打上灵霄宝殿！"哪吒抬头一看，见一面大旗高高飘扬，上面写着"齐天大圣"四个大字。哪吒说："你这妖猴有多大本领，敢当齐天大圣？不要走，先吃我一剑！"悟空笑笑说道："我站着不动，让你多砍几剑吧。"哪吒听了大怒，喝了一声"变！"变成了三头六臂。哪吒手拿斩妖剑，脚踏风火轮，向孙悟空迎面打来。

悟空见了心想："这小孩子倒也有些真本领！"也就大喊一声"变！"他立刻变成了三头六臂，把金箍棒晃了一晃，变成了三条。悟空六只手拿着三条金箍棒，和哪吒杀在了一起。哪吒的斩妖剑，变成了千千万万，悟空的金箍棒，变成了万万千千。两人打了三十几个回合，不分胜败。悟空想了个主意，拔了一根毫毛，叫了声"变！"那毫毛变成了他的本相，手里拿着金箍棒和哪吒对打。

悟空立刻变成了三头六臂，把金箍棒晃了一晃，变成了三条。

他自己的真身，却一跳，跳到了哪吒的脑后，对着哪吒的左臂，一棒打下去。哪吒来不及躲闪，被打着一下，只好忍痛逃走了。

哪吒见了托塔李天王，报告说："父王，那猴头真的有本领。孩儿战不赢他，被他打伤了胳膊。"天王大惊，说道："这妖猴怎么会有这么大的本领，我们怎么能战胜他呢？这样吧，我们回去请玉帝再多派一些天兵天将，一起捉拿这只妖猴。"哪吒受了伤，不能再战，就和天王一起回天宫去了。

天王和哪吒来到灵霄宝殿，把悟空打败天兵的情形，和悟空说他要当齐天大圣，不然就要打到灵霄宝殿的话，报告了玉帝。玉帝听了，大怒说："再多派一些天兵天将，一定要捉住这只猴子！"

这时候，太白金星站了出来说："既然那只石猴本领这么大，再多派天兵，也不可能很快取胜。我看，陛下就给他个空名吧！"玉帝问："怎么叫给他空名？"金星说："名是齐天大圣，却不让他管事，只是把他养在天上，不就行了？"玉帝听了，觉得这个办法不错，就派金星再去水帘洞请孙悟空。

金星出了南天门，来到花果山。只见无数的小猴，一个个在那里舞刀弄枪。金星对小猴说："快去报告你们大王。我是玉帝派来的太白金星，特来请他。"小猴忙去通报。悟空说："这老头会不会又是要出什么坏主意？让他进来。"

金星进入洞内，请悟空上天去做齐天大圣。悟空说："多谢！多谢了！但不知玉帝会不会又骗我？"金星说："不会！不会！要是他再骗你，大圣找我就是。"

悟空听后非常高兴，和金星驾云来到南天门。那些天兵天将，都笑脸相迎。

第四回 阅读指导

地点

灵霄宝殿　南天门　天马棚　花果山

人物

太白金星

玉皇大帝

托塔李天王

巨灵天将

哪吒

另外：千里眼　顺风耳　悟空（弼马温）　天兵天将　牛魔王

第44页词汇（36）

不当养马官　玉皇大帝 [灵霄宝殿] 报告　大闹龙宫　妖猴　千里眼　顺风耳　学道成仙　愿意　捉拿　太白金星　陛下　闹事　方便　派　吩咐　甩在　南天门　守门　天兵天将　挡住　不高兴　天宫　认识　随便　天官　进出　跪下　腰一弯　皱皱眉　天马棚　缺　弼马温　认真看管　又肥又壮

第45页第46页阅读提示

齐天大圣　先锋　铜锤　无穷本领　斩妖剑　风火轮　三头六臂　本相

第五回 大闹蟠桃会

金星和悟空来到了灵霄宝殿，金星报告说："孙悟空到了。"玉帝说："孙悟空你过来。今天让你做齐天大圣，你就再也不要捣乱了！"悟空不跪也不拜，只是行个礼，说了一声"谢谢！"

天宫里有一座蟠桃园。玉帝派人在蟠桃园的右边，给孙悟空造了一座齐天大圣府。悟空当了齐天大圣后，和天上的各路神仙，都交了朋友，整天地东游西荡，云里来，雾里去，十分快乐。

有一天，玉帝把大圣找来，对他说："我看你闲着没事，给你一件事做。你去替我看管蟠桃园吧。"

大圣来到了蟠桃园，园中的土地神挡住问："大圣你去哪里呀？"悟空说："玉帝派我来管蟠桃园，我今天特地来查看一下。"土地神连忙行礼，领大圣进园查看。大圣问道："这里一共有多少棵桃树？"土地神说："共有三千六百棵。前面一千二百棵，三千年一熟，人吃了健康；中间一千二百棵，六千年一熟，人吃了长寿；后面一千二百棵，九千年一熟，人吃了长生不老。"大圣听了，心里十分高兴。他数了数桃树，一棵也不少，就回齐天大圣府休息去了。

有一天，大圣看见后面的蟠桃树上，桃子已经熟了一大半。他想尝尝新，就跳到树上，摘下了一个大桃子，吃了个饱。两三天后，他又去偷桃，美美地吃了一顿。

过了一些天，玉帝的母亲王母娘娘要在瑶池开蟠桃会。她派红衣仙女、青衣仙女、白衣仙女、黑衣仙女、紫衣仙女、黄衣仙女、绿衣仙女，去蟠桃园摘桃子。

七衣仙女头顶花篮，来到园门前，对土地神说："王母娘娘派我们到园里来摘桃。"土地神说："你们先等一下。今年不同往年，因为玉帝派了齐天大圣在这里看管桃园，我要先报告大圣，才敢开园。"仙女问："大圣在哪里？"土地神说："大圣正在园里睡觉呢。"仙女说："那快带我们去找他吧。"

土地神和七衣仙女来到了桃园内，找来找去，却不见大圣。原来，大圣玩了一会儿，吃了几个桃子，变成了一个两寸长的小人儿，在桃树枝上睡着了。

七衣仙女为难地说："王母派我们来摘桃子，现在却找不到大圣。可是我们怎么敢空手回去？"

土地神说："大圣大概是到园外找朋友玩去了。你们先摘桃子吧，等他回来后我再告诉他。"

七衣仙女头顶花篮，来到园门前。

七衣仙女先在前面的树枝上摘了两篮，又在中间的树枝上摘了三篮。再到后面的树上去摘的时候，一看桃子都是青的，一个也没有熟。七衣仙女看了半天，看见南边的树枝上有一个半红半白的桃子，就一起走上前去。青衣仙女用手拉下枝头来，红衣仙女把桃子摘了下来。青衣仙女一松手，把树枝放了回去。

谁知道，大圣正在这个树枝上，所以一下子被惊醒了。他现出本相，扑地一声跳到地上，从耳中取出了金箍棒，晃了一晃，变成碗口粗细，大声对仙女喝道："你们是哪里来的妖怪，敢到这里来偷桃子？"

七衣仙女吓得连忙跪下说道："我们不是妖怪。王母娘娘要在瑶池开蟠桃会，叫我们来摘桃子。本来想先报告大圣，可是找来找去找不到您，我们只好先动手了。"

大圣听了，说："你们都起来吧。王母娘娘开蟠桃会，要请很多客人吧？"

仙女们说："当然啦，大圣认识的托塔李天王和哪吒三太子也都会来。"

大圣问："请我了吗？"

仙女们说："没有听说。"

大圣说："我是齐天大圣，为什么不请我老孙？"

仙女们说："往年请客，大圣还没有上天。今年怎样，就不知道了。"

大圣说："你们说的也对，不怪你们！我老孙先去打听一下消息，看看有没有请我老孙。你们在这里等一下吧！"

大圣念起咒语，说了声："住！住！住！"用定身法把七衣仙女都定在了桃树下。仙女站在那里一动也不能动了，大圣就自己驾起了一朵云，直奔瑶池。

大圣驾着云，忽然看见赤脚大仙迎面走来。

大圣上前问道："大仙去哪里啊？"

大仙说："王母娘娘请我去参加蟠桃会。齐天大圣，你去哪里呀？"

大圣心想，看来王母娘娘真的没有请我。"哼，你不请我，我就自己去。"他想到这里，眼珠一转，对赤脚大仙说："玉帝让我告诉各路神仙，先到通明殿，然后再去瑶池。"大仙信以为真，就转身往通明殿去了。

大圣等大仙走了，摇身一变，变成了赤脚大仙的模样，驾起筋斗云，不多一会儿就到了瑶池。他轻轻地走进里面，只见各种山珍海味，摆得整整齐齐，却没有一个客人到来。

只见各种山珍海味，摆得整整齐齐。

大圣正看着，忽然闻到了一阵酒香。他转身一看，原来是几个造酒的仙官，已经造好了美酒。大圣拔下了几根毫毛，念起了咒语，叫声"变！"变成了几个瞌睡虫，落在了那些造酒仙官的脸上。不一会儿，那些人个个手软头低，闭上眼睛，都睡着了。

大圣从桌上拿下了山珍海味，走到酒桶旁边坐下，就大吃大喝了一顿。他吃喝完了，心想："不好！不好！再过一会儿客人就要到了。我还是早些回大圣府睡觉去吧！"

这时大圣已经喝醉了，他摇摇摆摆，一下子走错了路。他没有回到齐天大圣府，却来到了太上老君的兜率宫。大圣心想：咦，奇怪，我怎么走到这里来了？太上老君一天到晚在这里炼各种仙丹，也不知道他近来怎么样了。我既然来了，就去看看太上老君这老头。"大圣整了整衣裳走了进去，却不见老君，宫里一个人也没有。

大圣来到了太上老君炼丹的地方，看见炼丹炉旁的桌上有五个葫芦。葫芦里都装满了炼好的仙丹。大圣心中高兴："这仙丹可是好东西，我来吃他几粒。"他就把仙丹从葫芦里倒了出来，像吃豆子一样，一下子就吃进了肚子里。

大圣吃完了仙丹，酒也醒了，心想："不好！不好！我偷吃了仙丹仙酒，要是被玉帝知道了，那可不得了！走！走！走！还是回我的花果山去吧。"他跑出了兜率宫，不走旧路，而是从西天门，使个隐身法，逃走了。

大圣回到了花果山，高喊："孩儿们，我回来啦！"

众猴连忙把大圣迎进洞中。大圣把闹了蟠桃会，偷喝了仙酒和偷吃了仙丹的事说了一遍。众猴大喜，个个向大圣敬酒。

大圣喝了一口酒，连说："不好喝！不好喝！"四将军说："大圣在天宫中喝了仙酒，再喝这水果酒，当然觉得没有味道啦。"

大圣说："瑶池里还有许多的仙酒，等我去偷他几瓶回来，你们也都喝一杯，这样一个个都可以长生不老。"众猴都欢喜得拍起手来。

大圣出了水帘洞，驾起筋斗云，又使了个隐身法，进了西天门。他来到瑶池，只见那几个瞌睡的造酒仙官还没有醒。大圣急忙提起了四大瓶酒，驾起云头，回到了水帘洞。大圣和众猴做起了"仙酒会"。众猴喝到了仙酒，一个个手舞足蹈，高兴极了。

第五回 阅读指导

地点

蟠桃园　齐天大圣府　瑶池　通明殿　兜率宫　丹房　花果山

人物

王母娘娘

土地神

七衣仙女

另外：玉帝　大圣　赤脚大仙　造酒仙官　太上老君

第48页词汇（36）

大闹蟠桃会　行个礼　齐天大圣府　各路神仙　交了朋友　整天　东游西荡　云里来　雾里去　闲着没事　看管　土地神　查看　领　一熟　健康　长寿　长生不老　数了数　休息　一大半　尝尝新　饱　偷桃　美美地　一顿　瑶池　紫衣　摘桃　花篮　往年　园内　两寸长　难　空手　大概

第49页第50页阅读提示

定(dìng)身法　通(tōng)明殿　瞌(kē)睡(shuì)虫　喝醉(zuì)　炼(liàn)丹(dān)炉(lú)　仙(xiān)丹(dān)　隐(yǐn)身法　西天门

第六回 天兵战大圣

再说七衣仙女被大圣用定身法定住了以后，半天都不能动。一直到法力过时了，才提着篮子回去报告王母娘娘："我们被齐天大圣用定身法定住，所以才回来晚了。"王母娘娘问："你们摘了多少仙桃？"仙女们回答："只有两篮小桃子，三篮中桃子。后面大桃子半个也没有，都被大圣偷吃完了。"王母听了心中大怒，立刻来找玉帝。这时候，那些造酒的仙官也都来报告："不知什么人到了瑶池，把仙酒都偷吃了。"

不一会儿，太上老君也来了。他对玉帝说："真奇怪，我炼的五葫芦仙丹，不知被哪个贼偷去了。"

正在这个时候，赤脚大仙也来到了灵霄宝殿，他气呼呼地说："我去瑶池的路上遇见齐天大圣。他说玉帝叫我先去通明殿，然后再去蟠桃会。我听了他的话，就到了通明殿，却一个人都没有看见，所以才又来到了这里。"

玉帝听了，又惊又怒："这齐天大圣好大的胆子！"玉帝的话音刚落，又有消息传来，那大闹天宫的，正是齐天大圣。玉帝大怒，立即叫来了四大天王、李天王和哪吒三太子，命令他们带领十万天兵，一定要捉住大圣。

天兵天将来到了花果山，李天王派九曜星出战。九曜星来到水帘洞门外，大声叫喊。小猴连忙通报："外面有九个天神，要来捉拿大圣！"

大圣正在和四将军喝酒聊天，听了通报，就说："不理他！"接着又有小猴跑来报告："那九个天神，在外面叫骂呢！"大圣还是不理。不久，第三次又有小猴来报告："大王，那九个天神把门打破了，杀进来啦！"大圣这才放下酒杯，披上黄金甲，穿好步云履，戴上紫金冠，拿出金箍棒，跳出了水帘洞。

九曜星看见大圣出来了，骂道："你这不知死活的弼马温！先偷桃，后偷酒，破坏了蟠桃会，又偷了老君的仙丹，把仙酒偷回花果山来喝。你犯了死罪，知不知道？"大圣笑着说："这几件事，都是我做的！但是你能把我怎么样？"九曜星说："玉帝派我们来捉你，快些投降！不然，我们要踏平你的花果山！"

大圣听了大怒，说："你们这些毛神，有什么样的法力，敢跟我说这样的大话！不要走，先吃我老孙一棒！"九曜星各出兵器，向大圣杀来。大圣抡起金箍棒，左挥右挡，把九曜星战得一个个倒拖着刀枪，逃走了。

九曜星逃回去对托塔天王说："那猴王果然非常厉害，我们打不赢他，败回来了。"李天王听了，就马上带着四大天王和哪吒一起杀了出来。大圣上前迎战，牛魔王和四将军也前来助大圣<u>一臂之力</u>，和天兵们打了起来。

不一会儿，太上老君也来了。

这一场大战，从上午一直打到了日落，杀得飞沙走石。牛魔王被天兵捉了去，四将军逃回去，躲在了水帘洞里。大圣见天色黑了下来，就拔了一把毫毛，叫了声"变！"一下子变成了千百个大圣，都抢着金箍棒，把五个天王和哪吒太子打败了。

大圣收了毫毛，急转身回到了水帘洞。四将军带着众猴迎了出来，呜呜呜大哭了三声，又哈哈哈大笑了三声。大圣问："你们见了我，又哭又笑，到底是怎么回事？"四将军说："牛魔王被天兵捉去了，我们怎么能不哭？大圣打败了天将，又得胜回来，我们又怎么能不笑？"大圣说："胜败乃是兵家常事，你们不用伤心。明天看我捉住那些天将，给大家报仇。"

第二天，天一亮，大圣就领着众猴，向天兵叫战。李天王派二儿子木吒出战。木吒双手抡起铁棍，高叫："哪个是齐天大圣？"大圣手拿如意金箍棒，答应了一声："老孙就是。你又是谁，敢来问我！"木吒说："我是李天王的第二太子木吒，今天特来捉你！"大圣说："你不要说大话！吃我老孙一棒！"木吒举起了铁棍相迎。两个人在半山上战了五六十个回合，木吒败阵而走。这时大圣也收了兵，等在了水帘洞门外。木吒对李天王说："这大圣真的是本领高强。孩儿实在战不过他。"李天王一听慌了，忙派木吒到玉帝那里去请求增加天兵。

木吒来到了灵霄宝殿，玉帝听说要求增兵，惊讶地说："这齐天大圣，能有多大的本领，竟敌得住我十万天兵！李天王又要来求助，我应该派哪路神兵去助战呢？"观音菩萨在一旁说："二郎神本领高强。陛下可以让他前去助战，一定能得胜。"玉帝听了，就派二郎神去水帘洞。二郎神领着天兵，举着三尖两刃神锋，带着神犬，来到了花果山。小猴见了，急忙去报告大圣。

大圣披上黄金甲，穿好步云履，戴上紫金冠，拿着金箍棒，跳出了水帘洞。大圣见了二郎神，笑着说："你是哪里来的小将，敢大胆到这里挑战？"二郎神喝道："你这妖猴有眼无珠，不认得我吗？我是二郎神，特来捉你这大闹天宫的弼马温！"大圣说："我看你年纪轻轻的，赶快回去吧，让四大天王出来送死！"二郎神听了，心中大怒："妖猴，先吃我一枪！"大圣转身躲过了，忙举起金箍棒挡住。

两人打了三百多个回合，不分胜败。二郎神摇身一变，变得身高万丈，两手举起三尖两刃神锋，恶狠狠地朝大圣头上砍来。大圣也变得和二郎神一样高大，举起了如意金箍棒，迎战二郎神。

这时候，其他的天兵天将都张弓搭箭，一起向水帘洞杀过来。众猴被赶得跑的跑，喊的喊，上山的上山，进洞的进洞。大圣正和二郎神打得不分胜败，忽然看见水帘洞门前众猴惊逃，觉得心慌，于是抽身就走。

一下子变成了千百个大圣。

大圣回到水帘洞门口，一群天兵上前挡住他，喊道，"大圣！看你往哪里跑？"大圣摇身一变，变成了一只小鸟，飞落在树枝上。那些天兵前后寻找都找不着，就慌慌张张，一起叫着："大圣跑了！大圣跑了！"

这时，二郎神追到了。众天兵说："我们刚才在这里围住大圣，一眨眼就不见了。"二郎神睁眼细看，见树枝上有一只小鸟，知道是大圣变的。他也摇身一变，变成了一只老鹰，张开翅膀飞了过去。大圣见了，嗖地飞起，变成了一只大鸟，冲天而去。二郎神急抖羽毛，变成了一只海鹤，来追大鸟。大圣又变成了一条鱼，钻入水中。

二郎神赶到水边，不见大圣，心想："这猴子一定变成了鱼虾，下水去了。"他摇身一变，变成了一只鱼鹰，浮在了水面上。大圣变的鱼，正顺着水游着，忽然看见水面上有一只鱼鹰。大圣知道那是二郎神变的，急忙转了个头，打了个水花就走。二郎神看见，心想："这条鱼看见我就慌忙往回逃跑，一定是那只猴子变的。"二郎神变的鱼鹰于是拍拍翅膀，赶上来就啄。

大圣急忙窜出水面，变成了一条水蛇，钻入了草中。二郎神认得大圣，急摇身，又变成了一只灰鹤，伸着长嘴来吃水蛇。水蛇一摇，又变成了一只花鸟，落在了山坡上。

这时，二郎神现出了本相。他拿出弹弓，一弹子打过来。大圣滚下了山坡，变成了一座土地庙，立在那里。他把嘴巴变成了门洞，牙齿变成了门，舌头变成了菩萨，眼睛变成了窗户。只有尾巴不好办，只能变成一根旗杆，立在庙后。二郎神赶到山坡下，找不着花鸟，只看见一间土地庙，二郎神仔细一看，旗杆立在了后面。他笑道："我也见过土地庙，却没有看见旗杆立在后面的，这一定是那只猴子变的了。他想骗我进去，一口把我咬住，我才不上当呢！"二郎神伸手就去捅窗户，大圣一看不好，扑地一跳，钻到了空中不见了。

二郎神四处望望，连大圣的影子也看不见，便跳上了云头，看见了李天王和哪吒正拿着照妖镜。二郎神便问道："天王，你看见那只猴子没有？"李天王把照妖镜四方一照，哈哈笑道："快去！快去！那猴王使了个隐身法，走出了包围，到你的老家江口庙去了！"二郎神听了以后，急忙驾起云头往江口庙赶去。

大圣来到了江口庙，摇身一变，变成了二郎神的模样，跳下云头，走进庙里。守庙的人不知是假，一个个磕头迎接。大圣坐在中间，忽然有人报告："又一个二郎神来了！"众人出庙一看，不由得大吃一惊。二郎神问："有个齐天大圣，来过这里没有？"众人说："没有见到什么齐天大圣，只是有个和你一模一样的神仙在那里呢。"二郎神走入庙门，大圣见了，现出本相，说："不要吵了，这庙已经姓孙了。"二郎神举起神锋，朝大圣砍来。大圣一个急转身，躲过神锋，取出了金箍棒，晃了一晃，有碗口粗细，就和二郎神对面打了过去。两个人打出了庙门，半云半雾，边打边行，又打到了花果山。

大圣滚下了山坡，变成了一座土地庙。

第六回 阅读指导

地点

灵霄宝殿　花果山　江口庙

人物

观音菩萨　　　　　二郎神

另外：　四大天王　九曜星　木吒

第52页词汇（36）

法力　过时　提着　太上老君　炼　葫芦　仙丹　贼　赤脚大仙　气呼呼　遇见
通明殿　又惊又怒　胆子　话音刚落　消息　传来　立即　命令　哪吒
九曜星　连忙　喝酒聊天　不理他　叫骂　不知死活　破坏　犯了死罪
投降　踏平　各出兵器　倒拖　厉害　打不赢　上前迎战　助一臂之力

第53页第54页阅读提示

小鸟　老鹰(yīng)　大鸟　海鹤(hè)　鱼　鱼鹰(yīng)　水蛇　灰鹤(hè)　弹弓(dàn gōng)

土地庙(miào)　铁棍　神犬　三尖两刃神锋　旗杆　照妖镜

第七回 被压五行山

再说玉帝在灵霄宝殿等了一天，心里非常着急，就同太上老君、观音菩萨和王母娘娘，一起来到了南天门外。他们站在南天门外往下一看，只见四大天王和众天兵围了一个圈；李天王和哪吒站在空中；二郎神和大圣正在圈中打得不分胜败。

观音对太上老君说："我来帮二郎神一把，一定把大圣抓住。"太上老君问："菩萨用什么兵器？怎么帮助？"菩萨说："把我的玉净瓶丢下去，打大圣的猴头。就是打不死他，也能打他摔一跤，好让二郎神去捉他。"

太上老君说："你这瓶是个瓷器，万一打不着大圣的头，碰到了他的铁棒，不就打碎了吗？你先别动手，看我的吧。"说着，他拿出了一个圈子，对菩萨说："这件宝贝叫金刚圈，不怕水火。我把它丢下去打那个猴头一下。"

大圣正和二郎神作战，太上老君的金刚圈丢了下来，正打在了他的头上。大圣摔了一跤，爬起来就跑。二郎神的神犬赶上去，在他的腿肚子上咬了一口。

可是刀砍斧剁，却一点也不能伤害他。

大圣又摔了一跤。二郎神一步上前，抓住了大圣，用绳子绑了起来。

大圣被绑到了天宫里。可是刀砍斧剁，却一点也不能伤害他。火神放火来烧，烧不着他；雷神用雷来打，打不动他。众神没有办法，只好去报告玉帝。

玉帝听了，问道："这，这可怎么办呢？"太上老君走上前来说道："这猴子偷吃了蟠桃和仙丹，身子变得像钢铁一样，无法伤害。还是让我把他带回去，放在我的炼丹炉中，用火来炼。等到我的仙丹炼出来，他也就变成灰了。"玉帝听了点点头，就叫人把大圣解下，交给了太上老君带走。

太上老君带着大圣到了兜率宫，他解开大圣身上的绳子，推进炼丹炉中，燃起火来就烧。大圣在炉中发现，炉里有个风口，风口里有风没有火，于是就躲在了风口里，这样火烧不着他。可是风带着炉子里的烟，很快把他的眼睛熏红了，成了"火眼金睛"。

很快过了七七四十九天，到了开炉的日期。太上老君以为大圣早已烧成了灰，就来开炉。大圣在风口处，正用手捂着眼睛，听见了声响，睁眼一看，看见了光亮，一下子跳了出来。只听哗啦一声，大圣踢倒了丹炉，从耳中取出了金箍棒，从兜率宫一路打了出来。

大圣一直打到了灵霄殿外，正好遇到了守殿的天兵。大圣二话不说，举棒就打。众天兵从四面八方，一起向大圣杀来。大圣摇身一变，变成了三头六臂，又把如意金箍棒晃一晃，变成了三条。他六只手挥着三条棒，像车轮一样飞舞，众天兵只能乱嚷乱叫，不敢近前。

玉帝看见情况紧急，就赶紧派人到西方去请佛祖如来。如来到了灵霄门外，听见喊声震耳。一问，知道是天兵正在围攻大圣。如来叫天兵停下，让大圣出来见他。

大圣来到了如来面前，怒气冲冲地问："你是哪里来的和尚，敢来问我？"如来说道："我是西方佛祖如来。你有什么本领，敢夺玉皇大帝的宝座？"大圣说："我的本领多着呢！我能长生不老，我有七十二般的变化。我还能翻筋斗云，一翻就是十万八千里。有这么大的本领，难道还坐不得玉皇大帝的宝座？"

如来伸出了右手，说："你看这样好不好。你如果真的有本领，一筋斗能翻出我的右手掌，就算你赢。不用动刀枪，我就请玉帝到西方我那里去住，把天宫让出来给你；但是，你如果翻不出我的手掌，就得受罚。"大圣听了，心中暗笑："这如来好傻！我老孙一筋斗翻得出十万八千里。他那手掌，还不满一尺，我一跳就能跳出去。"想到这里，他急忙对如来说："你说这话，算数吗？"如来说："当然算数！"于是大圣收了金箍棒，一跳，就站在了如来的手心中，说了一声："我走啦！"一路云光，眨眼间，连影子也看不见了。

大圣一路往前走，看见有五根肉红柱子。他想："这大概是顶着天的柱子吧！我现在一定是到了天边了。这下回去，灵霄宝殿就是我的了。"又一想："慢着！等我留下些记号(mark)，做个证据(evidence)。"于是他拔下了一根毫毛，吹了口仙气，变成了一枝毛笔。他在那中间的柱子上写了一行大字："齐天大圣，到此一游。"写完，收了毫毛，又在第一根柱子下撒了一泡尿。然后，驾起了筋斗云，回到原处。

大圣站在如来的手掌上说："我回来啦！快叫玉帝把天宫让给我吧！"如来骂了一声："你这个尿精猴子，你哪里跳得出我的手掌心？"大圣说："你不知道，我已经到了天边哪，看见高高的五根肉红柱子顶着天。我在那里留下了字，你敢和我一同去看看吗？"如来说："哪里也不用去，你低下头来看看吧。"

大圣睁圆了火眼金睛，低头一看，只见如来的右手中指上写着"齐天大圣，到此一游"几个字。大拇指丫里，还有一些猴尿味。大圣大吃一惊："奇怪！奇怪！我把字写在顶天的柱子上，现在怎么却在你的手指上？我不信！等我再去一次。"大圣急转身，又要跳出。如来把手掌轻轻地一翻，把大圣推出了西天门外，压在了五行山下。

大圣在山下挣扎，眼看着他的头和手就要从山下钻出来了。如来听到了报告，就写了一张字条，贴在了山顶上。从此，那山像生了根一样。大圣被压在山下，虽然露着头，伸着手，却怎么也爬不出来。

各路神仙高高兴兴地去开安天大会了。

大圣被压在山下，却怎么也爬不出来。

第七回 阅读指导

地点

南天门　天宫　兜率宫　灵霄殿　五行山

人物

佛祖如来

太上老君

另外：　玉帝　观音菩萨　二郎神　大圣　火神　雷神

第56页词汇（36）

被压五行山　观音菩萨　二郎神　不分胜败　玉净瓶　丢下去　摔一跤
瓷器　万一　打碎　宝贝　金刚圈　神犬　腿肚子　绳子　绑　刀砍斧剁
无法伤害　烧　雷　钢铁　炼丹炉　解开　兜率宫　推进　燃起　烟　熏红
火眼金睛　捂着　睁眼　踢倒　四面八方　晃一晃　车轮　乱嚷乱叫

第57页阅读提示

宝座　手掌（zhǎng）　算数　受罚（shòu fá）　肉红柱子（zhù）　记号（jì hao）　证据（zhèng jù）　字条

第八回 唐僧救悟空

时间像流水一样，一天天飞快地过去了。孙悟空被压在五行山下，已经过去了五百年。

有一天，佛祖如来在西天对众人说："东方有一个大唐国，近来经常发生战争。我这里有三藏真经，可以化恶为善。你们谁能到那里去，找一个取经人，叫他经历千辛万苦，来我这里，把真经取回去？"

观音菩萨站出来说："弟子愿意去。"如来听了很高兴。他又拿出了一件袈裟和一根锡杖，交给菩萨，说："这袈裟和锡杖，可以防避灾祸，给取经人用。你再替他找几个本领高强的徒弟，一路上保护他。"

菩萨告别了如来，驾着云往东而去，很快就到了大唐国的京城长安。

长安有一个高僧，名字叫玄奘。有一天，玄奘正在给皇帝说法。忽然门口走进来一个老和尚，手里拿着一件袈裟和一根锡杖。老和尚打断了玄奘的话问道："我听你讲的是小乘教法，你会不会讲大乘教法呢？"

玄奘说："弟子不知道大乘教法，请师父多多指教。"

老和尚又说："西天佛祖如来，有三藏大乘教真经，能化恶为善。"

皇帝听了，就问："请问师父，怎么才能得到这三藏真经呢？"

他的话音刚落，老和尚就现出了观音菩萨的真身，说道："大唐去西天，有十万八千里路，路上有很多虎豹妖魔。只有不怕困难和危险的人，才能够到达西天，取回真经。我这袈裟和锡杖，就是送给取经人用的。"说完，他留下了袈裟和锡杖，就驾起一朵云远去了。

玄奘目送观音菩萨远去后，转身对皇帝说："陛下，我决心去西天，把这三藏真经取回大唐来。"

皇帝听了大喜，说："高僧如果不怕困难和危险，决心要去西天取经，我愿意和你结拜为兄弟。"

玄奘说："陛下放心，我这一去，如果不到西天取得真经，我就绝不回来。"

皇帝说："很好。我送你一个紫金钵，你到路上可以化斋吃饭用。你去西天取回三藏真经，是为了大唐。所以，我再送你一个名字，你就叫唐三藏吧。"

第二天，玄奘离开京城长安，骑着马出发了。因为他是大唐派到西天取经的和尚，所以人们都叫他唐僧。

第二天，玄奘离开京城长安，骑着马出发了。

有一天，唐僧正走着，忽然听见前面的山脚下有人高喊："我师父来啦！师父！师父！快来救我！"唐僧远远看到山脚下压着一只猴子，露着头，伸着手。那猴子说道："师父，你怎么才来呀？来得好！来得好！快救我出去，我保护你上西天去。"

唐僧走近一看，只见那猴子耳边长满了青草，脸上满是尘土，眼睛却光亮有神。猴子问唐僧说："您是大唐皇帝派往西天取经的吧？"唐僧说："对了。你是谁？怎么会压在这山下？"那猴子说："我是五百年前大闹天宫的齐天大圣，被佛祖压在了这里。前些天观音菩萨来告诉我，说有一个取经的人不久会路过这里，那个人就是我的师父，能救我出去。我日夜盼望，直到今天，才把您师父盼来了。"唐僧听了，满心欢喜，说："只是我两手空空，怎么能救你出来呢？"大圣说："这山顶上有一张如来写的字条。只要你到山上去把那字条拿下来，我就能出来了。"

唐僧到了山顶，果然看见一块四方的石头上，贴着一张写着金字的字条。唐僧正要伸手去拿，忽然吹来了一阵风，字条轻轻地飘了起来，一直飘到天上去了。唐僧下了山，来到了大圣旁边，说："字条已经飘走了，你就出来吧。"大圣高兴地说："师父，请您走开一些，我怕出来时会把您吓着。"

于是唐僧向东走，一直走了五六里远，听见大圣喊道："再远一点！再远一点！"唐僧又走了好远，只听见轰隆隆一声巨响，转眼之间，大圣已经站到了唐僧的面前。大圣双腿跪下说："师父，我出来啦！"说完对唐僧拜了四拜。唐僧问："徒弟啊，你姓什么？"大圣说："我姓孙，名字叫悟空。"唐僧听了很高兴，说："我给你起个别名吧，叫孙行者，怎么样？"悟空听了，连声说："好！好！好！"

唐僧上了马，悟空挑着行李，两个人一起往前走。走着走着，忽然，一只大老虎从树林里跳了出来，挡在路上，张开大嘴要吃唐僧。唐僧非常害怕，悟空却高兴地说："师父您不要怕。这只老虎是给我送衣服来的。"悟空从耳中拿出了如意金箍棒，晃了一晃，变成碗口粗细，拿在手中，笑着说："宝贝啊，五百多年了都没有用你。今天拿你出来，找件衣服穿吧。"他迎着老虎，大喊一声："哪里去！"只见那老虎趴在地上，一动也不敢动。悟空一棒把老虎打死，取了皮，做了一条虎皮裙，围在了身上。

两人又往前走，唐僧在马上奇怪地问："悟空，刚才那只老虎见了你，怎么就一动不动啦？"悟空说："师父啊，别说是只老虎，就是一条龙，见了我也不敢无礼。当年我老孙做齐天大圣的时候，天宫里的神仙，也怕我三分呢！"唐僧又问："你刚才打老虎的铁棒，怎么不见了？"悟空说："师父，您不知道。我这棒原是东海龙宫里的宝贝，叫做如意金箍棒，可以随意变化，要小就小，要大就大。刚才我是把它变成了一根绣花针模样，收在了耳朵里面。"

只见那猴子脸上满是尘土，眼睛却光亮有神。

第八回 唐僧救悟空 课后阅读

唐僧听说悟空有这么大的本领，非常高兴。

唐僧骑在马上，走着走着，觉得肚子有些饿了。他停住马，拿出紫金钵，说："悟空啊，我肚子饿了，你去找些吃的来吧！"悟空接过紫金钵，放下行李，说："师父，请您坐好，不要乱动，弟子去一去就来。"话音刚落，跳到空中，一个筋斗云，唐僧早已不见他的影子了。唐僧坐在路旁，正在等着悟空，忽然看见一个老婆婆，手里拿着一顶帽子，慢慢走来。

老婆婆走到唐僧的面前说："您是哪里来的长老，一个人坐在这里？"唐僧回答说："我是大唐皇帝派去西天取经的。我还有一个徒弟，现在给我找吃的东西去了。"老婆婆说道："长老，我有一顶金丝花帽，送给你的徒弟戴。我还有一篇紧箍咒教给你。如果你徒弟不听话，只要你暗念紧箍咒，他就头疼眼胀，不敢不听你的话了。"那老婆婆把紧箍咒教给唐僧，便现出了观音菩萨的真身，升空而去。

不一会儿，悟空带着食物回来了。唐僧对悟空说："徒弟，辛苦了。我这里有一顶帽子，你拿去戴上吧。"悟空一看，是一顶金丝花帽，非常高兴，就戴在头上。这帽子不大不小，真像专门给他做的一样。

唐僧见悟空戴上了花帽，就试着念起了紧箍咒。悟空叫道："头疼！头疼！"唐僧又不住地念了几遍，悟空疼得在地上直打滚。悟空心想："我怎么一戴上这帽子就头疼呢，一定是这帽子不好，脱掉它，我不要了！"他伸手去抓那花帽。

唐僧怕他拉坏了花帽，就停住口不念了。唐僧一停，悟空的头马上不疼了。悟空伸手摸摸，那花帽里有一根金线，紧紧地勒在了自己的头上，取也取不下，拉也拉不断，已经和肉生在一起了。悟空从耳朵里取出绣花针来，插进那根金线里，往外乱挑。唐僧怕他挑断了，又念起了紧箍咒，悟空又疼得打起滚来。唐僧见他疼成这样，才停住口不念了，悟空的头又不疼了。

悟空说："原来我这头疼，是师父咒的！"唐僧说："我念的是紧箍咒。以后你如果不听我话，我就要念这咒语了。"悟空连忙说："听话！听话！师父可别再念它了。师父，这紧箍咒是谁教您的？"唐僧说："刚才你不在的时候，来了一个老婆婆。她送给我这顶花帽，让我给你戴上，这紧箍咒，也是她教我的。"

悟空听了大怒："师父，不用说了，这个老婆婆，一定就是观音菩萨变的！她这样来害我，我上南海打她去！"唐僧说："悟空你真傻，这紧箍咒既然是她教给我的，当然她也会念。你要是去找她，她念起咒来，你不是疼死了吗？"

悟空想了想说："我明白了，观音菩萨这样做，是为了管住我，保护您去西天取经。您说得有道理，我去找她也没用。师父啊，您以后不要再念这紧箍咒了，反正我一心一意保护您上西天去就是了。"

悟空疼得在地上直打滚。

第八回 阅读指导

地点

西天　大唐国　京城长安　五行山

人物

唐僧（玄奘、唐三藏）　　　　　孙悟空（孙行者）

另外：　佛祖如来　观音菩萨　大唐国皇帝

第59页词汇（36）

唐僧救悟空　流水　佛祖如来　大唐国　近来　战争　三藏　真经
化恶为善　取经人　经历　千辛万苦　袈裟　锡杖　防避灾祸
本领高强　一路上　保护　京城　长安　高僧　玄奘　皇帝　说法　打断
小乘教法　大乘教法　虎豹妖魔　困难　危险　目送　决心　结为兄弟
放心　紫金钵　化斋

第60页第61页阅读提示

金丝花帽　紧箍咒　金线　头痛眼胀(zhàng)

第九回 降伏小白龙

唐僧和悟空往西方走了几天。走着走着，忽然听见了哗哗的流水声。唐僧问："悟空，这是什么地方？哪里来这么大的水声？"悟空说："我记得这里叫鹰愁涧，这里的水有万丈深呢！"说着，师徒俩已经走到了涧边。

忽然，鹰愁涧里波浪起伏，从波浪中钻出了一条白龙。那白龙张牙舞爪，直向唐僧扑去。悟空急忙把唐僧抱下马，拔腿就跑。白龙赶不上悟空，就把唐僧的白马一口吞进了肚子里，然后潜回水里去。

悟空把师父送到山上坐下，自己又回到了涧边。他没有看见白马，只剩下他们的行李还在那儿。悟空知道白马一定是被那条龙吃了，只好把行李挑到了唐僧的身边。唐僧听说马被龙吃了，急得流下泪来："没了马，这千山万水，我怎么走啊？"

悟空见师父哭了，发起急来："师父你不要这脓包样子。您坐着，等老孙去找那条龙，叫他把白马还给我们就是了。"唐僧一把抓住悟空，说："徒弟啊，你到哪里去找他？你一走，只怕他从暗中又钻出来，把我也给吃了！"悟空听了这话，急得喊起来："师父你太没有用了！又要马骑，又不放我去。我们两个人就在这里守着行李，这要等到什么时候啊？"

正在这时，只听见空中有人叫着："孙大圣别急，我们是六丁神，观音菩萨派我们在暗中保护取经人。大圣如果需要帮忙，请告诉我们。"悟空听了，忙说："多谢！多谢了！请你们在这里保护我的师父，老孙这就去找妖龙，叫他把马还给我。"

悟空提着金箍棒，来到了涧边大叫："妖龙，把马还给我！"那龙正在洞底休息，听到有人叫骂，就跳出水来说："是谁敢在这里骂我？"悟空见了，抡起金箍棒就打了过去。那条龙张牙舞爪来抓悟空。他们俩在水边来来往往，战了一会儿，那龙抵挡不住，一下子转身跳入了水中。无论悟空怎么叫骂，再也不出来了。

悟空气极了，就跳到涧边，用金箍棒把清清的涧水，搅得像黄河一样。那龙在涧底坐不住了，咬着牙，跳出来骂道："你是哪里来的妖猴？太欺负人了！"悟空说："你别管我是哪里来的，你只要还了我的马，我就饶了你的性命！"

那条龙说："你的马被我吞下肚子里去了，我怎么吐得出来！我不还你，你又能怎么样？"悟空说："你要是不还我的马，我就打死你，赔我马的性命！"两个人又在水边打了起来。打了几个回合，白龙眼看自己就要输给悟空，把身子一摇，变成了一条蛇，钻进草丛中去，不见了。

悟空急忙把唐僧抱下马，拔腿就跑。

第九回 降伏小白龙 课后阅读

悟空拿着金箍棒，赶上去拨草寻蛇，却怎么也找不到了。他忙念起了咒语，把鹰愁涧的土地神叫了出来问："这鹰愁涧里，是哪里来的妖龙？"鹰愁涧的土地神说："前几个月，是观音菩萨救了一条小白龙，把他放在这里。大圣不用发愁，要捉拿他，把观音请来就行了。"

悟空听了，就要动身去请观音。只听见空中的六丁神叫道："大圣，让小神代你去走一趟就是了，你注意保护好师父！"悟空听了大喜，连忙道谢。六丁神驾着云头，一直往南海找观音菩萨去了。

六丁神见到了观音菩萨，把来意说了一遍。菩萨说："这条龙原来是西海龙王的儿子，因为放火烧了海底明珠，犯了死罪。是我向玉帝把他要下来，叫他给唐僧当个坐骑。他怎么反而吃了唐僧的马？这么说，我去一趟吧。"

菩萨驾着祥云，很快就到了鹰愁涧。悟空在涧边，见观音驾云而来，急忙跳到空中，说："你这个观音，怎么变着法儿来害我？"菩萨说："你这个大胆的猴子，我好不容易找了个取经的人来，叫他救你的性命，你怎么不来谢我救命之恩，反而来和我吵闹？"悟空说："你弄得我好苦啊！你既然放了我出来，就让我自由自在算了，却怎么又弄了一顶花帽，骗我戴在头上受罪？"

观音菩萨说："你这猴子不知天高地厚，如果我不这样管着你，再像从前那样到处闯祸，有谁管得住你？必须有这个箍儿，才能把你管住。"

悟空说："这件事就算了吧。可是你怎么又把那条龙放在这里，叫他吃了我师父的白马？"

菩萨说："这条龙，是我向玉帝要来放在这里的。你想，那匹东土来的凡马，怎么走得过千山万水，到达西方佛地呢？只有这匹龙马才去得了！"悟空问："现在他被我打怕了，不肯出来，怎么办？"菩萨说："你去涧边喊他，就说我在这里，他就会出来了。"

悟空到涧边，叫了两遍。那龙从水中跳了出来，变成了一个人的模样，踏上云头，到空中对菩萨行礼说："感谢菩萨救命之恩，我在这里等取经的人，可是一直没有等到。"菩萨指着悟空说："这就是取经人的大徒弟。"小龙这才明白，闹了半天，打仗的对手，原来就是他要等的人。菩萨上前，把手中的杨柳对着白龙摇了摇，叫声"变！"那龙就变成了一匹马，和唐僧原来骑的白马一模一样。

菩萨又从杨柳枝上摘了三片叶子，放在悟空的脑后，变成三根救命毫毛。菩萨对悟空说："悟空，好好保护你的师父。今后路上不管遇到什么紧急情况，这三根救命毫毛都可以帮助你。"菩萨又对白马吩咐了几句，就回南海去了。

那龙就变成了一匹马。

第九回 降伏小白龙 课后阅读

悟空拉着龙马来见唐僧，"师父，马来了！"

唐僧一看，喜出望外地说："悟空，这马怎么比以前更神气了？你是在哪里找到的？"悟空笑着说："师父，你以为这还是我们以前的马吗？别做梦了！这是刚才六丁神去南海请来了观音，观音菩萨把涧里的小龙变成了白马！可惜还没有马鞍，你先骑着再说吧！"

唐僧大惊，说："观音现在在哪里？快领我去拜谢菩萨！"悟空又笑着说："现在人家早就到南海了，师父你快上马吧！"

师徒俩往前走了不远，看见一个老头站在一棵大树下。那老头问他们说："二位长老的马是哪里来的？怎么没有马鞍和缰绳？"

唐僧回答说："老人家，我们从大唐去西天取经，路过鹰愁涧时，马被涧里的龙吃掉了，马鞍和缰绳也一起被吞进了龙的肚子里。刚才是观音菩萨把白龙化作了这匹马，所以没有马鞍，也没有缰绳。"

那老头说："长老来得正好，我家就在前面。我家里有一副多余的马鞍，就送给你用吧！"

唐僧师徒往前一看，果然看见一座房子。他们来到了老头的家里，老头把马鞍放在马身上，不大不小，好像是特地做的一样。唐僧高兴极了。老头给白马上了缰绳，又取出了一根马鞭交给唐僧，说："这根马鞭放着没用，你也拿去吧。"唐僧接过马鞭，还来不及道谢，那老头忽然不见了。等他再转过身去一看，连那房子也没有了。只听见地下有人说话："唐僧师徒，我是本地的土地神。观音菩萨派我来送马鞍缰绳给你们，祝你们早日到达西天！"

唐僧听了，忙跪下来连连磕头。悟空见师父磕了那么多的头，笑嘻嘻地上前拉住他说："师父，起来吧。菩萨也看不见你磕头，还拜什么！"唐僧说："徒弟呀，我这样磕头，你也不拜一拜，还站在旁边笑我，真太不应该了。"悟空说："我老孙从小就是条好汉，不懂得拜人。就是见了玉皇大帝、太上老君，我也只是弯一弯腰就算了。"

唐僧说："别胡说了，快些赶路吧！"师徒二人，快马加鞭，向西行进。

师徒二人向西行进。

第九回 阅读指导

地点

鹰愁涧　南海

人物

小白龙（龙马）

另外：　唐僧　悟空　土地神　观音菩萨

事物

凡马

第63页词汇（36）

降伏　小白龙　流水　哗哗　鹰愁涧　万丈深　波浪起伏　钻出
张牙舞爪　吞进　潜回　只剩　行李　只好　挑到　流下泪
拔腿就跑　脓包　暗中　没有用　守着　六丁神　抡起　抵挡不住　转身
无论　气极了　清清的　黄河　欺负　饶　性命　吐　赔　输给　草丛

第64页65页阅读提示

海底明珠　坐骑　凡(fán)马　龙马　杨柳　马鞍(ān)　缰(jiāng)绳　马鞭(biān)

第十回 计收猪八戒

冬去春来。悟空挑着行李,唐僧骑在马上,师徒二人往前走了四五个月。有一天傍晚,唐僧和悟空来到了一个村庄。唐僧说:"悟空,我们就在这里借住一晚,明天再走吧。"

他们来到街上,看见一个年轻人,手里拿着一把雨伞,脚上穿着一双草鞋,急急忙忙地走过来。悟空一把拉住他,问道:"这里是什么地方?你到哪里去?"那个年轻人说:"这里叫高老庄,我是高太公家的人。三年前,我家来了个妖怪,现在太公叫我去找法师,好去捉那个妖怪。"

悟空说:"算你走运。快回去告诉你们家高太公,说我老孙专能降妖捉怪。"那人听了,就领着唐僧师徒,到高太公家去了。

进了屋,悟空对高太公说:"您把那妖怪是怎么来的,有多大的本领,从头说给我听听,这样我才好替你去捉他。"

高太公说:"我和我老伴没有儿子,只生下了三个女儿。老大和老二都已经出嫁了。剩下了一个小女儿,想找个女婿住在家里。三年前,来了一个人,他说自己姓猪,上无父母,下无兄弟,十分能干,愿意做我们的女婿。我们听了他这么一说,就答应了他。他有一把九齿钉钯¹,刚来时是很能干,就是有时候会变嘴脸。"

悟空问:"怎么个变法?"高太公说:"他常常变成一个长嘴大耳朵的呆子,像个猪的模样。他胃口很大,一顿要吃几十碗饭。"

唐僧说:"因为他能干,当然也能吃了。"

高太公说:"吃还是件小事。他最近又风来云去,飞沙走石,吓得我一家和左右邻居,都不得安宁。他又把我的小女儿关在后院,有半年多没有见面了,还不知是死是活。我们这才知道他原来是个妖怪,所以要请个法师,捉拿妖怪。"

悟空说:"这事不难,您放心。今天夜里我去把这妖怪捉住,找回您的女儿,怎么样?"

高太公欢喜地说:"那真是太好了!请问需要多少兵器?用多少人帮忙?我好快去准备。"

悟空说:"兵器我自己有,也不用人帮忙。您只要找几个老头,陪我师父聊天,我好放心去捉妖怪。"

高太公带着悟空来到后院。悟空找到了高太公的小女儿,让她跟着高太公回前屋去。自己摇身一变,变成了高太公小女儿的模样,坐在房屋里等着。

他们看见一个年轻人,急急忙忙地走过来。

注1:也有人写作"钉耙",原作上是"钉钯"。"钯"是古代的一种兵器,而"耙"是农具,所以课本用"钯"字。

第十回 计收猪八戒 课后阅读

不多时，吹来了一阵狂风，风过处，半空里落下来了一个妖怪。只见他黑脸短毛，长嘴大耳。那妖怪进来了，悟空也没有动身子，只是哼哼哈哈地叫着，睡在床上装病。那妖怪也不分真假，问道："姐姐，你今天怎么不高兴啊？"

悟空叹了口气，说："唉，我父母说，你长得太难看，又说不知道你是哪里人家，叫什么名字，整天风里来云里去的。父母这么说我，我怎么会高兴！"

那妖怪说："这个不难！我家住在福陵山，我姓猪，名字叫猪刚鬣。你父母要再问你，你这样告诉他们就是了。"

悟空听了，心中暗想："这妖怪倒也老实。既然有了住处、姓名，不管怎样我也能把他抓住。"悟空又对那妖怪说："我父母要请法师来捉你呢。"那妖怪笑笑说："别管他！我有三十六般变化，九个齿的钉钯，怕什么法师？"悟空说："他们说去请了一个五百年前大闹天宫的齐天大圣来捉你呢。"

那妖怪听了，大吃一惊，说："真的吗？那我还是走了吧。"悟空问："你为什么要走呢？"那妖怪说："你不知道。那个闹天宫的弼马温，本领可不小，只怕我打不过他。"说完，穿上衣服，跳下床就要走。悟空上前一把拉住那个妖怪，把自己的脸一抹，现出了本相，大喝一声："好个妖怪，哪里走！你抬头看看我是谁？"那个妖怪转过脸来，一看见悟空的模样，哗啦一声挣破了衣服，化做一阵风就逃跑了。悟空挥起金箍棒，驾起云随后追去。

悟空追赶那妖怪，一直追到了一座高山上。那妖怪现出了本相，进洞拿了一把九齿钉钯，出来迎战悟空。悟空喝道："妖怪，你怎么知道我老孙的名号？你有什么本领？快说实话，我饶了你的性命！"

那妖怪说："我原来是总管天河的天蓬元帅，因为在蟠桃会上喝醉了酒，被玉帝赶出了天宫。到人间投胎的时候，投错了猪胎，所以长成了这个怪样子，取名叫猪刚鬣。"悟空听了说："你原来是被赶出天宫的天蓬元帅，怪不得知道我老孙的名号。"

那个妖怪说："你这个该死的弼马温，当年闹天宫，不知连累了我们多少人，今天又来到这里欺负人！吃我一钯！"悟空哪里肯让，举棒就打。他们两个在半山坡上，棒来钯往，从半夜一直打到了东方发白。那妖怪打不动了，就化作了一阵狂风，跑回洞里，把门关紧，再也不出来了。悟空见那妖怪躲进洞里不出来，又见天已大亮，怕师父着急，就驾起云头回到高老庄。到了高太公家，悟空把捉妖怪的经过向唐僧和高太公说了一遍。

那妖怪穿上衣服，跳下床就要走。

第十回 计收猪八戒 课后阅读

高太公听了，对悟空说："你虽然把妖怪赶走了，可是等你们走了以后，他再来可怎么办？"唐僧说："悟空，你既然帮了他一次，就帮到底，把那妖怪抓住吧。"

于是悟空又来到了那妖怪的洞口，用铁棒把洞门打得粉碎。那妖怪正在洞里睡觉，听见悟空的叫骂声和打门声，拖着九齿钯跑了出来，朝着悟空就狠狠地打了一钯。悟空用金箍棒架住了说："你这个钯子，是不是给高老头种菜用的？"那妖怪说："胡说！我这九齿钯，是太上老君炼丹炉炼出来的宝贝。你就是铜头铁脑，也能捣上几个眼儿！"

悟空听了，收住铁棒，说："呆子不要吹牛！我老孙把头伸在这里，看你能不能捣出几个眼儿！"那妖怪真的举起钯子，用力打了下来。只听到扑的一声，那钯子被磕得冒起金星，悟空的头皮却没破一点儿。那妖怪连连说："好头！好头！"又问："我记得你这猴子住在花果山水帘洞，今天怎么会到这里来欺负我？是不是我丈人到花果山请你来的？"

悟空说："你丈人倒没有去请我。只因我老孙当了和尚，保护唐僧去西天拜佛求经，路过高老庄。那高老头就请我救他女儿，来捉你这个妖怪！"

那妖怪听了悟空的话，一下子丢了钯子，上前行了个礼，说："那取经的人在哪里？请你快领我去见他。"悟空问："你为什么要见他？"那妖怪说："观音菩萨让我在这里等候那个取经的人，跟他上西天拜佛求经。"

悟空说："你不要骗我！你如果真的是想保护唐僧，那你就对天发誓你没有说假话，我这才能带你去见师父。"那妖怪真的扑通一声跪下，对天磕头发誓。

悟空又说："你点上火，把你这个地方烧了，我才能带你去。"那妖怪立刻搬来了些柴草，点上火，把那洞烧了。悟空拔了一根毫毛，吹了口气，变成了一根绳子，绑住了那个妖怪的双手。悟空拉着妖怪的耳朵，他们两个就半云半雾，来到了高老庄。

唐僧见悟空把妖怪捉来了，连忙出门迎接。那妖怪走到唐僧面前，双腿跪下，高声叫道："师父！"唐僧问："这是怎么回事？悟空，你是怎么把他给降伏的？"悟空放了手，喝道："呆子，你说吧！"那妖怪就把观音菩萨让他做唐僧的徒弟，保护唐僧去西天取经的事，仔细地说了一遍。

唐僧听了很高兴，叫悟空给妖怪松了绑。唐僧说："你既然做了我的徒弟，我给你起个法名。"那妖怪说："师父，菩萨已经给我起了法名，叫做猪悟能。"唐僧说："好！好！我再给你起个别名，叫八戒吧。"那呆子欢欢喜喜地谢了师父。

第二天，猪八戒挑着行李，唐僧骑在马上，悟空在前面引路。师徒三人告别了高老庄，向西行去。

那钯子被磕得冒起金星，悟空的头皮却没破一点儿。

第十回 阅读指导

地点

高老庄　福陵山

人物

猪八戒（猪悟能、猪刚鬣 liè）

另外：　唐僧　悟空　高太公

第67页词汇（36）

计收　猪八戒　傍晚　村庄　借住　街上　年轻人　雨伞　一双　草鞋
高老庄　高太公　法师　走运　专能　降妖捉怪　从头　替　老伴　出嫁
剩下　女婿　能干　答应　九齿钉钯　变嘴脸　呆子　模样　胃口
风来云去　飞沙走石　左右邻居　不得安宁　后院　陪　聊天

第68页69页阅读提示

总管天河（zǒngguǎn）　元帅 shuài (marshal)　投胎 tóu tāi　丈人　发誓 shì (to swear)

第十一回 大战流沙河

话说唐僧师徒三人，一路西行，从夏到秋，又走了几个月。有一天，师徒三人遇到一条大河挡住了去路。那大河波浪滚滚，一眼望去，望不见对岸。唐僧停下马，叹了口气说道："唉，这么宽的河，河上却没有船，我们怎么过得去呀！"悟空跳到空中一看，摇摇头说："我的眼睛，能看一千里远。这大河上下，真的连一条船也看不见。我和八戒还好说，腾云驾雾，转眼间就可以过去，可是师父您怎么办呢？"唐僧师徒说着说着，转身一看，看见岸边有一块石碑，上面写着"流沙河"三个大字，下面还有一行小字："鹅毛漂不起，芦花沉河底"。

师徒们正看着石碑，忽然哗啦一声，从河里钻出了一个妖怪，一头红发，两眼圆瞪，手里提着一根宝杖，脖子上带着一串九个骷髅。那妖怪二话不说，一头就扑向唐僧。悟空眼明手快，抱起师父就跑。

八戒放下行李，举起九齿钉钯，就向那妖怪打了过去。那妖怪抢起宝杖迎战，两人在流沙河岸上杀得难分难解，来来往往二十多个回合，不分胜败。

悟空把师父抱到附近的山上，见八戒还在和那妖怪交战，就忍不住从耳朵里取出了金箍棒，说："师父，您在这里坐着别怕，我去去就回。"

悟空跳到岸边，对着妖怪一棒打去。那妖怪一个急转身，慌忙躲过，钻到河里去，不见了。两人只好回到了师父的身边。

师徒三人面对大河，想不出过河的办法。过了一会儿，悟空说："我有办法了，那妖怪住在河里，一定知道怎么可以过河。我们去把他抓来，先不杀他，让他把师父送过河再说。"八戒说："好主意，哥哥你去捉他，我在这里守着师父。"

悟空说："八戒，这件事我不敢夸口，水里打架的本领，我不如你。你当天蓬元帅的时候，曾经带领过十万水兵。所以最好还是你先下水，把妖怪引上岸来，我再帮你一起抓住他。"八戒一口答应说："好，就这样办！"

再说那妖怪回到了水底，还没有坐下，就听见有人大声说话。他仔细一看，是猪八戒来了。八戒右手拿着九齿钉钯，左手插在腰上，站在那里大声叫骂："妖怪！快出来！你猪爷爷来啦！"那妖怪举着宝杖迎了出来，也骂道："好个猪和尚！吃我一杖！"八戒举起钉钯挡住宝杖，两人边打边走，从水底打到了水面。

悟空在山上等着。八戒和那妖怪在水面上打了几个回合，八戒假装打不过，逃上岸来，那妖怪紧跟着也上了岸。悟空早就等得不耐烦了，一见妖怪上了岸，他立刻跳到河边，举棒就打。那妖怪不敢迎战，一转身，又溜到水里去了。

唐僧师徒说着说着，转身一看，看见岸边有一块石碑。

第十一回 大战流沙河 课后阅读

八戒见妖怪逃跑了,气呼呼地嚷道:"你这个弼马温,真是个急猴子!你再慢些动手,等我把他引到山上,你再到岸边挡着,我们不就把他抓住了!这下可好,他不知什么时候才肯再出来!"

第二天,八戒又到流沙河里去找那妖怪。可是,那妖怪只在水面和八戒交战,再也不肯上岸。悟空见妖怪不肯上岸,驾起筋斗云,跳到半空,唰的一下落下来,要抓那妖怪。那妖怪正和八戒作战,忽然耳边一阵风声。他急回头,看见悟空从云头落了下来。他就收了宝杖,一头钻下水,不见了。

悟空和八戒回到师父那里,八戒说:"难!难!难!我把吃奶的力气也用出来了,还是抓不住他。"悟空想了想说:"八戒,你在这里守着师父,我去南海找观音菩萨,看看菩萨有什么办法。"

悟空驾起筋斗云来到了南海。见到观音,他把在流沙河遇到妖怪的事说了一遍。菩萨问:"你们和那妖怪交战,有没有说出你们保护唐僧取经的事?"悟空说:"我们只顾救人打架,哪里还去说这些!"菩萨说:"那流沙河里的妖怪,原来是天宫里的卷帘大将,因为在蟠桃会上失手打碎了玉盘,才受罚到流沙河去。我已经和他说好,等着和你们一起保护唐僧去西天取经。只要你们说出是取经的人,他一定不会再和你们争战。"悟空说:"可是他现在躲在河底,无论我们怎么叫,他也不肯出来。"

观音菩萨从袖子里,拿出了一个红葫芦,转身对徒弟木吒说:"你随大圣去走一趟吧。你到流沙河边叫声悟净,他就会出来了。你领他见过唐僧,再把他脖子上的九个骷髅放在地上,把葫芦放在中间,就会变成一条船,能渡唐僧过河。"

悟空谢过观音,和木吒来到了流沙河边。木吒叫道:"悟净!悟净!取经人早已来了,你为什么还不出来?"

那妖怪躲在河底,忽然听见有人叫他名字,连忙出来问道:"谁在这里叫我的名字?取经人在哪里?"那妖怪一见是观音菩萨的徒弟木吒站在岸上,连忙行礼。木吒说:"师父让我来告诉你,取经人已经来了,你快去见过师父和师兄。"

木吒把那妖怪领到唐僧师徒身边,那妖怪跪下说道:"弟子指河为姓,观音菩萨给我起了个法名,叫作沙悟净。昨天弟子有眼无珠,惊动了师父,求师父原谅。"

唐僧十分高兴,说道:"你已经有了法名,我再给你起个别名,叫沙和尚吧。"

沙和尚取下了脖子上的骷髅,围成了一个圈。木吒把红葫芦放在中间,转眼间就变成了一条船。唐僧上了船,悟能和悟净站在师父的身边。悟空和龙马一起半云半雾跟在船后。流沙河里风平浪静。师徒四人过了河,告别了木吒,又西行而去。

木吒把那妖怪领到唐僧师徒身边。

第十一回 阅读指导

地点

流沙河　南海

人物

沙和尚（沙僧、沙悟净）

另外：　唐僧　悟空　猪八戒　观音菩萨　木吒

第71页词汇（36）

流沙河　　从夏到秋　　波浪滚滚　　对岸　　叹了口气　　宽　　腾云驾雾
转眼间　　石碑　　鹅毛漂不起　　芦花沉河底　　两眼圆瞪　　宝杖　　脖子
一串　骷髅　眼明手快　难分难解　不分胜败　交战　忍不住　夸口
打架　不如　天蓬元帅　带领　引上岸　插在　等着　回合　假装　紧跟
不耐烦　立刻　迎战　溜到

第72页阅读提示

吃奶的力气　卷帘　大将　渡(dù)

第十二回 偷吃人参果

唐僧师徒四人一路西行，来到了一座风景秀丽的大山。山上百花盛开，百鸟啼鸣。

原来，这山叫做万寿山。山中有一座五庄观，观里有位神仙，叫镇元大仙。镇元大仙有一棵宝树，宝树上结的是人参果。这人参果三千年才开一次花，又过三千年才结一次果，再过三千年，果子才成熟。这九千年中，只能结三十个果子。果子的模样，就像刚生下来的小孩。人如果得到这果子闻一闻，就能活到三百六十岁；吃一个果子，就能活到四万七千岁。

唐僧师徒来到五庄观的那天，正好镇元大仙要带领他的徒弟们外出。大仙临走时，留下了清风、明月两个最小的徒弟看家。大仙对这两个徒弟说："今天有一个和尚要经过这里，你们从树上打两个人参果给他吃。"清风问："师父，那个和尚叫什么名字？"大仙说："他叫唐僧，是从大唐去西天取经的。"清风听了连连点头。大仙又说："这人参果一共有三十个，上次我们大家吃了两个，现在还应该有二十八个在树上。你们给唐僧两个就行了，不要让他的徒弟们知道。"大仙吩咐完，就领着其余的徒弟走了。

唐僧师徒在万寿山上一边走一边看风景，来到了五庄观的门口。清风和明月见了，连忙迎出去，说："师父，请进！请进！"进了门，唐僧吩咐说："悟空，你去外面放马，沙僧你看守行李，八戒去借他们的锅做些饭吃。我在这里休息休息，我们吃完饭就走。"三人听了，分头做自己的事情去了。

明月和清风见悟空等三人都不在了，就问唐僧："请问老师是去西天取经的唐僧吗？"唐僧说："对，我就是。你们怎么会知道我的名字的呢？"明月说："我家师父临走时，吩咐我们请你吃一样好东西。老师请坐着，我们去拿来。"

说完，两人就去取人参果了。不一会儿，他们用盘子装着两个人参果又进来了，对唐僧说："老师，我们五庄观没有什么好东西，这里有两个果子，你吃了解解渴吧。"

唐僧见了人参果，吓得一边躲开一边说："哎呀！阿弥陀佛！这是刚生下来的小孩，你们怎么能拿来让我吃了解渴？"

明月说："这是人参果，你吃一个没关系。"唐僧说，"胡说！胡说！这明明是刚生下来的小孩，孩子的父母不知道有多么疼爱他们，你们怎么能把他们拿来当果子吃？"清风说："师父，这确实是树上结的。"唐僧不信，说："树上怎么能结出人来？拿走！拿走！"

这里有两个果子，你吃了解解渴吧。

第十二回 偷吃人参果 课后阅读

清风和明月见唐僧不认识人参果，怎么也不肯吃，就拿着盘子，回到了自己的房里。他们俩坐在床上，一人一个，把人参果吃了。

清风和明月的房间，和厨房相连。八戒这时正在厨房做饭。他听见清风和明月在房里吃人参果，忍不住流下了口水。他心里想："我怎么也能弄一个来尝尝呢？"

不一会儿，悟空放马回来了。八戒忙对悟空招手说："这里来！这里来！"悟空走过来问："呆子，什么事？"八戒说："他们这里有一件宝贝，你知道吗？"悟空问："什么宝贝？"八戒笑着说道："告诉你，你没有见过；给你看，你也不认识。猴哥呀，人参果你见过吗？"

悟空惊讶地说："这个真没见过。只是曾经听人说过，人参果吃了能长寿。可是哪里有这个东西呢？"八戒说："这里就有。那两个小徒弟拿给师父吃，师父不认识，说是刚生下来的小孩，没敢吃。那两个小徒弟也太不讲道理了，既然师父不吃，他们就应该拿来给我们吃。可是他们俩却躲在房里，一人一个，吧嗒吧嗒地吃掉了，馋得我直流口水呀。猴哥呀，你去他那个园子里偷几个来尝尝，怎么样？"悟空说："这个容易。老孙去去就来！"

悟空出了房子，来到后边。他看见一座园子，园子中间有棵大树。这树有一千多尺高，树干很粗，要十几个人才能抱得过来。悟空在树下往上一看，看见向南的树枝上，露出了一个人参果。风一吹，那人参果点头晃脑，手脚乱动，真像一个小孩一样。悟空高兴极了，连声说："好东西，真是少见！"他一跳，就跳上树去了。

悟空在树上，用金箍棒对准一个人参果敲了一下，那果子扑的一声落了下去。悟空也随着跳下地。可是找了半天，也看不见果子的影儿。悟空暗想："奇怪！即使是人参果有脚会走，也跳不出墙去呀！"于是他念起了咒语，把园子里的土地神找来了。

悟空问土地神："老孙今天要打几个果子尝尝新，你怎么给收去了？"土地说："大圣，你错怪小神了。这果子遇金而落，遇土而入。刚才大圣打落的那一个，一定是钻进土里去了。"悟空说："这么说，我错怪你了，你回去吧。"

悟空重新跳上树。这一次，他一只手用金箍棒敲人参果，另一只手拉起衣服接着。他敲了三个人参果，包在衣服中，跳下树，来到了厨房。悟空叫八戒找来了沙僧，三人就把人参果一人一个分吃了。

八戒见了人参果，拿起一个，也不细看，张开大嘴，也没有嚼，就咽了下去。他吃完了，却问悟空和沙僧："你们两个吃的是什么东西？"沙僧说："人参果呗！"八戒又问："好吃吗？"悟空说："你都吃过了，还问什么？"八戒说："我吃得太急了些，没有尝出好不好吃，猴哥呀，再去弄一个来，让老猪仔细尝尝。"

他俩一人一个，把人参果吃了。

正在这时,清风进厨房来取东西。他听到了八戒的话,就出去对明月说:"我听见那长嘴和尚在说,还要吃一个人参果,难道他偷了我们的宝贝吗?我们快到园里去看看!"于是他们急忙来到了人参果树下,抬头数着树上的人参果。数了好几遍,只有二十二个了!明月说:"师父临走时,还说有二十八个。刚才我们打了两个给唐僧吃,还有二十六个。现在只剩下二十二个了,少了四个。这一定是他们偷了。快走,找唐僧去。"

清风和明月来到了房里,指着唐僧就骂了起来。唐僧说:"你们有话慢慢说,不要随便骂人哪!"清风说:"你偷吃了人参果,还不让我们说?"唐僧说:"我一见那东西,就吓得心惊胆战,哪敢偷来吃?你们错怪人了!"明月说:"你虽然没有吃,但是你还有徒弟,他们会偷吃!"唐僧说:"你们说得也对,让我来问问他们看。他们要是真的偷吃了,我就让他们赔你。"唐僧转过头去叫道:"徒弟,都过来!"

等悟空他们进来,唐僧把人参果的事儿一问,悟空说道:"师父,是八戒听见他们两人在吃人参果,他想尝尝新,老孙就去打了几个,我们兄弟每人吃了一个。现在吃也吃了,他们想要我们怎么样?"明月说:"偷了我们四个人参果,你这和尚还说不是贼呢。"八戒听了,转过头去向悟空叫道,"你偷了四个,怎么就只拿了三个来分,你是不是自己先偷吃了一个?"

清风和明月一听八戒的话,更加叫骂起来。悟空心中生气,就想出了一个主意。他拔下了一根毫毛,吹了一口仙气,叫了声"变!"就变成了一个假悟空,留在原处。他的真身却来到了人参果园里。他拿出金箍棒来,往树上乒乒乓乓打了一阵,又用力把树推倒。树上的人参果,被金箍棒一打,遇金而落,纷纷地落了下来。而落到地上,又遇土而入,一个也不见了。悟空连声叫道:"好!好!"他收了金箍棒,回到了前面,把毫毛一抖,又收上身去。旁边的人一点儿也不知道。

清风和明月两人骂了半天,见唐僧等人不作声,也只好停了口,又来到园中查看。只见树倒根露,果子一个也没有了。他们吓得摔倒在地,口里叫着:"哎呀!哎呀!师父回来可怎么办哪?"

清风和明月叫了一会儿,又商量了一个主意。他们见唐僧师徒正在吃饭,就咣的一声把门关上,又锁上了一把大锁。他们心想,这回唐僧师徒再也跑不了啦,等师父回来再处罚这几个和尚。

天黑了。悟空往门上一指,使了一个解锁法。只听见哗啦一声,门上的锁落了下来,门自动打开了。悟空请师父上了马,四人悄悄地上了路。悟空又说:"你们先慢慢走着,我去去就来。"悟空回到了清风和明月的房外。他变出了两个瞌睡虫,从窗口里放了进去。清风和明月的脸上爬上了瞌睡虫,都呼呼大睡,别想醒了。

他拿出金箍棒来,往树上乒乒乓乓打了一阵,又用力把树推倒。

第十二回 阅读指导

地点

万寿山　五庄观

人物

清风　明月

另外：镇元大仙　唐僧　悟空　猪八戒　沙僧

第74页词汇（36）

偷吃　人参果　师徒四人　风景　秀丽　百花盛开　百鸟啼鸣
万寿山　五庄观　镇元大仙　宝树　结果　成熟　闻一闻　临走　清风
明月　看家　经过　一共　吩咐　其余　放马　看守　锅　分头　取　盘子
解解渴　阿弥陀佛　刚　没关系　胡说　疼爱　确实　不信

第75页第76页阅读提示

遇金而落　遇土而入　锁(suǒ)　处罚

第十三回 观音救宝树

第二天早上，镇元大仙回到了五庄观。只见观门大开，地上干干净净，却不见了清风和明月。大仙找到了他们的住处，原来他们俩还关着房门，在屋里呼呼睡觉。

清风、明月被师父叫醒，忙跪下磕头，说道："师父呀！那从东土来的和尚，原来是一伙强盗！"接着，把悟空等人偷果毁树的事说了一遍。

大仙听了，安慰他俩说："你们不知道那姓孙的，他曾经大闹天宫，神通广大。你们等着，我去把他们捉回来。"

大仙驾起了云，就追赶唐僧师徒去了。不一会儿，他看见唐僧师徒正坐在一棵树下休息。大仙按落云头，变成了一个和尚，来到树下。大仙问："请问师父是从哪里来的？"唐僧说："我是去西天取经的。经过这个地方，歇一歇。"大仙故意又问："长老从东方来，有没有到过五庄观？"悟空一听，抢先回答道："没有！没有！我们是从另外一条路上过来的。"大仙说道："你这猴子，还骗我！你推倒了我的人参果树，连夜跑到这里，还不认罪！不要走，快还我树来！"

悟空听了，举起金箍棒，对着大仙就打。大仙转身躲过了金箍棒，踏着云来到空中。他把袖子轻轻一挥，叫了一声"进！"只听见"唰"的一声，唐僧师徒和龙马都被装到了大仙的袖子里。

镇元大仙驾着云头回到五庄观坐下，叫徒弟拿出绳子来。他从袖子里先拿出了唐僧，用绳子绑在一根柱子上；再拿出了悟空、八戒、沙僧，绑在另外三根柱子上；最后拿出了龙马和行李。大仙对徒弟说："取出皮鞭来，打他们一顿，给我的人参果出出气！"徒弟问道："师父，先打哪个？"大仙说："唐僧是师父，当然应该先打他！"

悟空听了忙说："先生您弄错了！偷果子的是我，吃果子的是我，推倒树的也是我。应该先打我！"大仙听了，笑着说："好，那就先打这个猴子吧！"大仙的徒弟问："打多少？"大仙说："树上原来有三十个人参果，先打他三十鞭吧！"徒弟举鞭就要打。悟空看他是往腿上打，就把腰扭了一扭，叫了声"变！"变成了两条铁腿。那个徒弟一下一下的，一共打了三十下。

打完了悟空，大仙又说："还是该打唐僧一顿，这些事都是他放纵徒弟干的。"悟空说："先生您又错了。偷果子时，我师父不知道，这完全是我们徒弟干的事。还是再打我吧。"大仙说道："既然这样，就还是打这个猴子吧。"徒弟又打了悟空三十下。悟空低头看着，两条铁腿被打得通亮，像镜子一样。那徒弟累得满头大汗，悟空却一点儿也不知道疼痛。大仙说："把鞭子浸在水里，明天再接着打他们。"

唐僧师徒和龙马都被装到了大仙的袖子里。

第十三回 观音救宝树　课后阅读

到了半夜，悟空把身子一摇，把自己变小了，从绳子里钻了出来，又把唐僧、八戒、沙僧解下。师徒四人拿了行李，牵了马匹，悄悄出了门。悟空对八戒说："你去那路边弄四棵柳树来。"八戒跑到路边，一连拱倒了四棵柳树，抱了回来。悟空叫八戒、沙僧用绳子把柳树绑在柱子上，然后念起了咒语，叫了声"变！"这四棵柳树就分别变成了唐僧、悟空、八戒和沙僧的模样，都按原来的样子在柱子上绑着。谁要是问他们，他们还会答话。如果叫他们的名字也能答应。然后，师徒四人就逃离了五庄观。

镇元大仙第二天起来，吃了早饭，来到门前，对徒弟们说："去把鞭子拿过来，今天该打唐僧了。"那个徒弟抡起鞭子，对着唐僧说道："打你呢！"柳树回答："打吧！"那徒弟乒乒乓乓打了假唐僧三十下，又抡起鞭子来，对着假八戒说："打你呢！"柳树也回答道："打吧！"徒弟又打了假八戒三十下。轮到打假悟空时，悟空正行走在路上。他的身子抖了一下，叫了声："不好了！"唐僧问："怎么一回事？"悟空说："我把四棵柳树变成了我们师徒四人。我原想他们昨天打了我两次，今天不会再打我了。哪知道又打了我的替身，所以我的真身就被打抖了。还是收了法术吧！"说着，他念起了咒语，收了法术。

再说五庄观里，徒弟们正抡着鞭子抽打，突然不见了唐僧师徒，眼前却是四棵柳树，心中惊慌，连忙去报告师父。大仙听了，说："孙悟空啊孙悟空。你真是一个好猴王！曾经听说你大闹天宫，多少天兵天将，也拿你不住。可是你今天走就走了吧，怎么却又绑些柳树在这里骗我！我饶不了你，还得去追！"

大仙说了声"赶"，便驾起云头，跳到空中。他往西一望，只见唐僧师徒挑担打马，正急匆匆地在赶路。大仙站在云头，把袖子一挥，又把师徒四人装在了袖子里。

大仙返回五庄观，在殿上坐下，从袖子中先取出了唐僧，绑在一棵树上；又取出了八戒、沙僧，绑在两旁的树上；最后拿出悟空，按倒在地，捆得结结实实。大仙又让众徒弟抬出了一口大锅，说："放一锅油，烧得滚滚的，把孙悟空扔进锅里炸，给我的人参果树报仇。"

悟空往四下一看，见西边有一个石狮子。悟空就滚到西边，对着石狮子吹了一口仙气，叫了声"变！"于是石狮子就变成了他的模样，捆在那里。悟空的真身却跳上了云头。他低着头，往下看。

只听见大仙说："把孙悟空丢到油锅里去！"一群徒弟上来，把假悟空抬起来，往油锅里一扔。只听砰的一声，烧火的徒弟喊起来："锅漏了！锅漏了！"说话间，油漏了一地。大家一看，只见锅底被打破了，锅里放着的，原来是个石狮子。

大仙一见，心中发怒："这个猴子实在无礼。算啦，捉不住他，就让他去吧。我们把唐僧解下来，另外换一口新锅，把唐僧炸了，给我的人参果树报仇！"

把孙悟空丢到油锅里去。

第十三回 观音救宝树　课后阅读

悟空一听，连忙跳下来，大声说："不要炸我师父！还是让我来下油锅吧！"镇元大仙一把拉住悟空说道："我知道你有本领，也听说过你的大名。只是你干的事太不讲理了，我就是和你到了西天，见了佛祖，也少不得要你还我人参果树。"

悟空笑着说道："你这位先生也太小气了。想要树活，这有什么难的？你要是早说这话，不就好了？"大仙说道："你如果有这样的神通，能把树救活，我就和你结为兄弟。"悟空说道："你放了我的师父和师弟，老孙一定还你一棵活着的人参果树。"

大仙心想，反正他们也跑不了，于是就叫人放了唐僧、八戒和沙僧。唐僧问悟空说："徒弟，你要到什么地方去找医树的<u>药方</u> (prescription)？"悟空说："我要到东洋大海，访各路神仙，求一个<u>起死回生</u>的法术，好把他的人参果树给医活了。"唐僧说："那你要几天才能够回来？"悟空说："三天就行。"唐僧说："那好，你如果过了三天不回来，我就要念紧箍咒了！"

悟空整整虎皮裙，转身对大仙说："先生请放心，我去去就回来。你要好好照顾我师父，别让他饿着渴着了。如果师父瘦了，我可要和你算账。"

大仙说："你去吧，你去吧。我一定不会让你师父饿着渴着的。"

悟空驾起了筋斗云，离开了五庄观，直奔那东洋大海去了。这筋斗云，像<u>流星闪电</u>一样快，一会儿就到了<u>蓬莱仙境</u>。悟空按下云头，来到白云洞外。只见松树下，有三个老头围坐在一起。近前一看，原来是<u>福星</u>和<u>禄星</u>在下棋，<u>寿星</u>在旁边观战。

悟空叫道："老弟们，近来可好？"那三星见是悟空，忙扔下棋，问："大圣从哪里来？"悟空说："来找你们玩玩。"寿星说："听说大圣现在保护唐僧去西天取经，怎么能有空到这里来玩呢？"悟空说："我老孙去西方的半路上，在万寿山的五庄观被困住了，来求你们帮忙。"

三个老头听了，惊讶地说："五庄观可是镇元大仙的仙宫，你难道把他的人参果给偷吃了？"悟空笑着说："偷吃了还算不了什么，我把他的树给推倒了！"接着，悟空把事情发生的经过说了一遍。

福星说："你这猴子，不知好坏。要是闻一闻那果子，就能活三百六十岁。如果吃它一个，就能活四万七千岁。天下只有五庄观有这种宝树，你这下可闯大祸了。"

悟空说："我已和镇元大仙讲好，让他好好照顾我的师父和师弟，我出来寻找一个法术，把他的树医活。我到蓬莱找你们三位，看看有什么医树的办法，教我一个，好救我的师父唐僧脱难。"

禄星说道："大圣要是杀死了<u>走兽飞鸟</u>，也许我们还可以救得活。但是那人参果树却是仙木之根，怎能救得活？没有办法，没有办法。"

悟空叫道："老弟们，近来可好？"。

第十三回 观音救宝树 课后阅读

悟空听了三星的话，皱起眉头，叹了一口气。寿星说："大圣先别着急，我们这里没有办法，你可以再去别处找找办法。"悟空说："我和师父已经讲好，三天之内找到救树的办法，过了三天，他就要念紧箍咒了。"三星说："大圣放心，那镇元大仙是我们的朋友，我们三人就去五庄观。一来是拜望大仙，二来是给大圣说情，让你师父先别念紧箍咒。你什么时候回来，我们就什么时候离开那里。"悟空听了，连声说："多谢，多谢了！"他谢了三星，一个筋斗云就到别处去了。

悟空走遍了四海，还是没有找到救树的办法，最后只能驾起筋斗云来到南海。悟空拜见了菩萨，菩萨问："悟空，唐僧走到什么地方了？"悟空说："弟子到了五庄观。因为不知道是镇元大仙的住处，推倒了他的人参果树，他就困住了我师父。"菩萨一听，说："你这猴头！镇元是地仙之祖，连我也让他三分。你怎么能推倒他的人参果树？"悟空把从打人参果尝新开始，直到走遍了四海也找不到救树的办法的经过，详细地向菩萨报告了一遍。菩萨说："你怎么不早来见我？"

悟空听了这话，高兴地说："菩萨，你一定有办法！"菩萨说："我这玉净瓶里的甘露水，最能救治仙树。"大圣听了满心欢喜，请菩萨赶快上路。

菩萨手里托着玉净瓶，和悟空直奔五庄观而来。菩萨收住云，同镇元大仙和三星见了面。唐僧引着八戒和沙僧，也都过来拜见了菩萨。

观音菩萨来到后园，只见那人参果树倒在地下，树根露出土外，叶子也落了，树枝也枯了。菩萨叫悟空、八戒和沙僧把树扛起来，扶正了，埋上土。然后用杨柳枝蘸着玉净瓶中的甘露，仔细地洒在树上。水刚洒完，只见那树枝变青了，树叶变绿了，上面还挂了二十三个人参果。清风和明月用手指着说："那天丢了果子时，数来数去只有二十二个，今天怎么又多了一个？"悟空说："老孙打人参果时，有一个落下地来，遇土而入。八戒说是我偷吃了，现在大家都明白了吧？"

镇元大仙十分高兴，叫徒弟把人参果敲下来十几个，请观音菩萨、三星和唐僧等回到宝殿，做起了"人参果会"。菩萨和三星各吃了一个人参果。唐僧不再害怕，也吃了一个。镇元大仙陪吃了一个。悟空、八戒、沙僧三人，也各吃了一个。余下的就由大仙的徒弟们分吃了。

镇元大仙又重新安排好酒席，和悟空结拜为兄弟。第二天天亮，唐僧师徒收拾好行李就要上路。但镇元大仙刚和悟空结拜成为兄弟，哪里肯放？唐僧和悟空等只好在五庄观又住了四五天，这才上路西行。

水刚洒完，只见那树枝变青了，树叶变绿了，上面还挂了人参果。

第十三回 阅读指导

地点

万寿山　五庄观　东洋大海　蓬莱仙境　南海

人物

镇元大仙

另外：　唐僧　悟空　猪八戒　沙僧　大仙众徒弟

第78页词汇（36）

住处　呼呼睡觉　叫醒　磕头　一伙强盗　偷果毁树　安慰　他俩
曾经　神通广大　歇一歇　故意　长老　抢先　认罪　对着　转身　踏着
袖子　一挥　唰的一声　取出　皮鞭　一顿　出出气　弄错　一扭　铁腿
放纵　完全　干的　通亮　镜子　满头大汗　浸　接着

第79页—第81页阅读提示

柳树(liǔ)　报仇(chóu) (to revenge)　蓬莱仙境　福星　禄星　寿星　说情

第十四回 三打白骨精

唐僧师徒告别了镇元大仙,向前走了几个月,来到了一座高山。他们沿着山路往上爬,走了一阵,唐僧在马上说:"悟空,我肚子饿了,你去找些吃的东西来吧。"

悟空跳上云头,睁眼观看。只见西方路上,没有人家。悟空按下云头,对唐僧说:"这里没有人家可以化斋饭,只是南山上有一片红点子,好像是熟了的山桃,我去摘些来给您吃吧。"唐僧说:"好啊,你快去快回吧!"悟空临走时,用金箍棒在地上划了一个圈,对唐僧说:"师父,这山里好像有一股妖气,你坐在这里休息,不要出去,我去摘些桃子就来。"说完,才驾起云头,奔南山摘桃子去了。

再说这山上,真的有一个妖精。她从云中看见唐僧坐在地上,高兴地说:"我的运气不错!早就听说有个唐僧要去西天取经,吃了他的一块肉,就长生不老。今天他果然来了!"那妖精变成一股青烟,按下云头来抓唐僧。可是,唐僧身边有一圈金光保护着,妖精怎么也碰不到唐僧。

那妖精想了想,摇身一变,变成了一个美丽的女子,左手提着一个篮子,右手提着一把水壶,朝唐僧休息的地方走了过来。八戒见她走来,就对唐僧和沙僧说:"你们看,那边走来了一个女子,你们坐着,等老猪过去看看。"

八戒放下钉钯,整了整衣裳,就摇摇摆摆,迎了上去,问道:"女菩萨,往哪里去啊?手里提的是什么东西?"那妖精回答:"长老,我这篮子里是香米饭,壶里装的是水。我是来送饭给长老吃的。"

八戒高兴极了,急忙跑回来对唐僧说:"师父,有人送饭来了!"唐僧不信,说:"不要胡说。我们走了这么长时间,也没有遇到一个人,有谁会来送饭给我们?"八戒朝着走近来的女子一指,说:"师父,就是这位女子!"

唐僧一见,连忙站起身来。那妖精走过来说道:"长老,我丈夫在北山坡下种田。这是我做的午饭,原来是要送给他去的。可是现在遇到了三位长老,想到我父母都是信佛的人,所以特意来把饭送给长老们吃。"唐僧说:"多谢!多谢!我有个徒弟摘桃子去了,一会儿就回来。你的饭我们不吃了。你还是送去给你的丈夫吃吧。"

正在这时,悟空回来了。他睁大火眼金睛一看,认出那女子是个妖精,连忙取出金箍棒就要打。唐僧吓得慌忙拉住悟空。悟空说:"师父,这女子是个妖精,来骗你呢。我再晚来一会儿,你就会受骗上当!"悟空说完,对准妖精就是一棒。

那妖精见悟空棒子打来,急忙化成了一股青烟溜走,却留下了一个女子的尸首。唐僧大怒,说:"你这猴子实在无礼!你怎么能无故杀人?"说完,就念起了紧箍咒。悟空疼得在地上打滚说:"师父,别念了,别念了!"

唐僧说:"好,我不念了,你回花果山去吧,我不要你这个徒弟了!"

悟空说完,对准妖精就是一棒。

悟空跪在唐僧面前说:"师父,要是我回去了,那谁保护你去西天呢?求您还是留下我吧,我再不打人就是了。"唐僧说:"起来吧,我就饶你这一次。如果你再杀人,我可就要念二十遍紧箍咒。"

再说那妖精被悟空打了一棒,逃到了云里。她见唐僧、八戒认不出她是一个妖精,就决定再来骗一次。

那妖精来到半山坡上,摇身一变,就又变成了一个老太婆,挂着一根棍子,一步一哭走了过来。八戒见了,对唐僧说:"师父,不好了!那老妈妈来找她的女儿来了!"孙悟空说:"不要胡说。那女子不到二十岁,那老太太八十来岁,怎么可能是她的妈妈?等老孙去看看。"悟空走近一看,认出她又是妖精变化的,二话不说,举棒就打。那妖精见棒来了,又化成了青烟,逃出真身,把老太婆的尸首留了下来。

唐僧见悟空又打死了人,气得把紧箍咒一连念了二十遍。悟空的头疼得钻心,在地上打着滚,说:"师父,别再念了!别再念了!"唐僧说:"你把人

悟空认出她又是妖精变化的,举棒就打。

打死一个,又打死一个,你答应我不再杀人,怎么又无故打死这老太太?"悟空说:"她是妖精啊!"唐僧说:"你胡说!哪里有这么多的妖精?她们明明是人!我不留你了,你快走吧!"悟空说:"师父又赶我走吗?走也行,只是还有一件事。"唐僧问:"你还有什么事?"悟空说:"如果师父真的不要我,那就请您把松箍咒念一念,取下这个箍子来还给您,我也就快活了。"

唐僧说:"悟空,菩萨当时只教了我紧箍咒,却没有教我什么松箍咒。"悟空说:"如果没有松箍咒,您还是带着我走吧。"唐僧没有办法,只得答应说:"我再饶你一次,可再也不许杀人了。"悟空连忙起来,又扶唐僧上马赶路。

再说那妖精,第二次躲过了悟空的金箍棒,逃到半空,心想:"好个猴王,真厉害!我这样变化,他还是认得出来。不行,我还得想个办法把唐僧抓来,不能让他从我嘴边逃跑!"

妖精想好了主意,又按落云头,在山坡上摇身一变,又变成了一个手挂拐杖的老头,口里还不住地念着经。唐僧在马上见了,高兴地说:"你们看那老头,走在路上还在念经呢。"八戒说:"师父,你不要高兴得太早。师兄打死了他的女儿,又打死了他的老伴,这老头一定是向咱们讨命来了。"悟空听了说:"呆子,不要胡说,等老孙上前去看看。"

悟空上前,问妖精:"老头,往哪里去?"那妖精以为悟空没认出她来,就说:"长老啊,我女儿今天早晨到田里送饭,一直没有回来。我老伴出来寻找,也不见回来。我心里着急,出来找找他们。"悟空说:"你这个老东西,又来骗我!"那妖精知道又被悟空认出来了,吓得变了脸色,连话也说不出来。

第十四回 三打白骨精 课后阅读

悟空举起金箍棒，对准老头就打了下去。那妖精也早有准备，立刻化成了青烟逃走了，又丢下了老头的尸首躺在那里。唐僧在马上，见悟空又把老头打倒了，惊得话也说不出来。八戒在旁边说："好悟空，真是发疯了！一下子打死了三个人！"唐僧听了，又要念紧箍咒。悟空急忙跑到马前，大声说："师父，别念！别念！您快过来看看，那妖精送的是什么饭！"唐僧低头一看，只见那女子身边的饭篮里，跳出了几只癞蛤蟆(toad)。沙僧再把篮子翻过来，里面又倒出了几块石子。悟空说："要是那女子真的是人，她怎么会送癞蛤蟆和石子给您吃？"

唐僧听了悟空的话，半信半疑。八戒在旁边说："师父，别听他的。猴哥把人打死了，怕你念那咒语，就把饭菜变成了癞蛤蟆和石子来骗您呢！"唐僧一听八戒的话，信以为真，又念起了紧箍咒。悟空疼痛难忍，跪在路旁，叫道："师父，别念了！别念了！"唐僧说："猴头，我这次再也不能留你了，快走吧！"

悟空说："师父错怪我了。明明是那个妖精一心想害您，我把她打死了，您却听那呆子的胡言乱语，好坏不分！好！我走！我走！只是我这头上还多了一个金箍儿。"唐僧说："我再不会念那咒语了。"悟空说："这也难说。要是碰到有本领的妖魔把您抓去，八戒、沙僧又救不了您，那时候您又会想起我来，就忍不住又再念起紧箍咒，就是十万里外，我的头也是疼的。"

唐僧听了悟空的话，就叫沙僧从包里拿出了纸和笔，亲手写了一个字条，交给悟空说："猴头，给你这个字条，我从此再也不要你这个徒弟了。"

悟空把字条收在身上，对唐僧说："师父，今天我不得不离开您了。请您坐下，受我一拜吧。"

唐僧转过身子，不理悟空。悟空跳到师父面前，唐僧又转过身子不理。悟空见他背过了身去，不理自己，就拔下了三根毫毛，吹了一口仙气，叫了声"变！"变成了三个悟空，再加上本身，共是四个，四面围住唐僧下拜。唐僧左右躲不开，只得受了一拜。

悟空拜完师父，跳起来，把身子一抖，收了毫毛，对沙僧说："兄弟，你是个好人，一路上要更加仔细。如果有妖精抓住师父，你就说老孙是他的大徒弟。那些妖精知道我的本领，就不敢伤害师父。"

唐僧说："我们好和尚不提你这坏人的名字，你快离开这里吧！"悟空见唐僧怎么也不肯回心转意，只得含着眼泪，告别了师父。

悟空一个筋斗，跳过了东洋大海，来到了花果山。悟空回到花果山以后，又竖起了齐天大圣的旗帜，做起自由自在的美猴王来。

那妖精也早有准备，立刻化成了青烟逃走了。

第十四回 阅读指导

地点

取经路上

人物

白骨精（女子、老太婆、老头儿）

另外： 唐僧 悟空 猪八戒 沙僧

第83页词汇（36）

白骨精 沿着 睁眼观看 化斋饭 摘 一股 妖气 圈 奔 妖精 运气 摇身一变 水壶 朝 摇摇摆摆 长老 香米饭 送饭 指 丈夫 北山坡 种田 信佛 特意 献 认出 慌忙 骗 上当 对准 青烟 溜走 尸首 无礼 无故 杀人

第84页第85页阅读提示

松箍咒 念经(niàn jīng) 癞蛤蟆(lài há ma) 不得不

第十五回 八戒讨救兵

唐僧赶走了悟空，师徒三人继续往西走，来到了一片松树林。唐僧停下马，说："八戒，我有些饿了，你去化些斋饭来吃吧！"

八戒出了松树林，往西走了十多里路，也没看见一家人家。他走累了，心想："走了这么远也没有人家，我先睡上一觉再说！"他把身子往草堆里一躺，就睡下了。

唐僧在松树林里等了半天，也不见八戒回来，心里十分焦急。沙僧说："师父，你在这里坐着，等我去把他找回来。"说着，就拿了宝杖，出松林来找八戒。

唐僧一个人在林子里坐了一会儿，有些无聊，便站起身，慢慢走着散步。他走出了松林，一抬头，看见前面有一座宝塔，塔尖闪着金光。唐僧心里非常高兴，就快步走上前去。唐僧走近宝塔，见塔门大开，就轻轻地走了进去。

谁知唐僧的脚刚一踏进宝塔的大门，那塔门就"嘎"的一声关上了。唐僧的耳边响起了一阵尖笑声："哈哈！哈哈！真是踏破铁鞋无觅处，得来全不费工夫！我费尽心机，都抓不到你，现在你倒自己送上门来了！"唐僧一抬头，看见前面站着一个女妖。那女妖大声喝道："小的们，快把唐僧给我捆住，吊起来！"一群小妖一拥而上，抓住唐僧，再用绳子捆住，把他吊在后屋。

再说沙僧来找八戒，他走出了十来里路，也不见个人影。忽然，沙僧听见草丛中有人说话。他用宝杖拨开了草丛一看，原来是八戒正在说梦话。沙僧弯腰拉住八戒的耳朵，把他叫醒说："呆子！师父让你去化斋，你怎么在这里睡觉？快回去，师父等急了！"

沙僧和八戒往回走，到了林中一看，师父不见了！两人只好走出松林寻找师父。他们见不远处有一座宝塔。八戒说："兄弟啊，师父说不定在宝塔里呢！快去看看！"

八戒和沙僧来到宝塔前，只见塔门紧关着。他们两个人上前，一边敲门，一边高叫："开门！开门！"

塔门哗的一声打开了，一个女妖站在那里。她两手各提一把宝剑，恶狠狠地问道："你们是哪里来的和尚，敢来我门前吵闹？"八戒一看，急忙说："女妖！我师父唐僧如果在你家里，就赶快送他出来，省得我举起钉钯打进去！"那女妖笑着说："不错，唐僧是在我白骨洞里，可是要我送出来，别想！"八戒大怒，举起钉钯就打。那女妖也不害怕，挥舞双剑迎上前去。沙僧也跳上来帮助八戒。他们三个在半空中打了几十个回合。八戒渐渐没了力气，对沙僧说："兄弟，你先和妖怪打着，老猪要去解手了。"他离开了沙僧，找了一个草深的地方，一头钻进去，躺倒身子，躲在了里面。

沙僧和女妖打了一阵，一个失手，被女妖一把抓住。女妖把沙僧捉进洞去，交给小妖，叫小妖用绳子捆了起来。

唐僧一抬头，看见前面有一座宝塔。

第十五回 八戒讨救兵　课后阅读

再说猪八戒离开了沙僧，藏到了草丛里，开始的时候他还能听见空中的杀声，后来就慢慢的睡着了。这一觉，一直睡到半夜时侯才醒。醒来后，他揉揉眼睛，看看星空，知道已经是半夜了。他又听听空中没有了叫喊的声音，心里想："沙僧大概已经被那女妖抓走了，我老猪一个人也救不了他。我还是自己回老家去吧。"

八戒正想走，忽然，听见白马说话了："师兄！"八戒一听，吓得摔了一跤，慌忙爬起来要跑。那白马一伸头，咬住了他的衣服说："哥呀，你不要怕。我是西海小龙王变的，原来就会说话。"八戒问："你有什么话要说？"小龙说："师兄快想办法去救师父吧！"

八戒听了，想了一会儿，问小龙："你有地方去吗？"小龙说："有地方去又怎么样？"八戒说："有地方去，就赶快逃走吧。老猪把行李挑到高老庄上，还是去做女婿去。"小龙听了，又一口咬住了八戒的衣服，流着眼泪说："师兄啊，你可千万不要走啊！"

八戒说："沙和尚和师父都被妖精抓住了，我又战不过那妖精，不走怎么办？"小龙说："师兄啊，你只要去请一个人，就一定能救回师父。"八戒问："你叫我去请谁？"小龙说："你快去花果山，请大师兄孙悟空来。他的法力大，一定能降伏妖精，救出师父。"八戒说："不行，不行，那猴子恨我，他决不肯来。"

小龙说："大师兄真心要保护师父去西天，他会来的。你见了他，不要说师父有难，只说师父想他。他到了这里，见到师父被困，就一定会捉拿妖精，救出师父。"八戒说道："好吧，你在这里等着，我去试试。"小龙说："快去，快去！"

八戒听了小龙的话，扛起钉钯，驾云往东，来到了花果山。八戒看见悟空坐在石椅上。在他前面分队排着一千多只猴子，一边喊着"大王爷爷！"一边跪拜磕头。八戒想去见悟空，心里又有些害怕，就溜在了那群小猴中，也跟着他们一起，向悟空磕头。

悟空坐在高处，火眼金睛，早就看得明白，故意高声喝道："那个在底下胡乱磕头的，是哪里来的生人？给我抓上来！"话声刚落，小猴们一拥而上，把猪八戒抓住，推到了悟空的面前。

悟空装作不认识他，问道："你是哪里来的生人？"八戒低着头说："我不是生人，我是熟人。"

悟空说："抬起头来让我看看！"那呆子把嘴巴往上一抬。悟空忍不住笑着说："你不是猪八戒吗？你不跟唐僧去取经，到这里来干什么？"八戒说："师父想你，叫我来请你。"

悟空说："你骗我！他亲笔写了字条说不要我，怎么又会想我？"

悟空装作不认识八戒。

第十五回 八戒讨救兵 课后阅读

八戒说:"师父骑在马上,叫了声'徒弟',我没有听见,沙僧也没有听见,师父就想起你来,说我们比你差远了。"

悟空听了,走下石座,对八戒说:"兄弟,你从老远来,我先领你去看看这山上的风景,在这里玩一玩。"八戒说:"哥呀,师父正在盼你,我看我就不玩了。"悟空说:"你来一次也不容易,还是看看山景吧。"八戒只得随着悟空在山上走。两人说笑了一会儿,走下山来。路旁有几个小猴,捧着新鲜的水果,跪在路边,口里叫着:"大圣爷爷,请用早饭。"悟空笑着对八戒说:"兄弟,你胃口大,吃果子饱不了。我这里没别的好东西,你就先吃几个吧。"

八戒说:"我胃口虽然大,却也爱吃水果。拿来,拿来,我吃几个尝尝新。"两人吃完了果子,太阳已经升得很高了。八戒又说:"猴哥呀,师父在那里盼望我们呢,我和你还是早点儿去吧。"悟空说:"你再到水帘洞里去玩玩!"八戒说:"谢谢师兄的好意。可是师父等了好久了,我不进洞了。"悟空说:"你既然着急,我就不久留你了。我们就在这里告别。"八戒说:"哥呀,你不去了?"悟空说:"我去哪里?我在这里自由自在,做什么和尚!我哪里也不去!"八戒听了,不敢再说,只好点头告别。

八戒一走,悟空就对众猴说道:"你们在这里好好地看着家,我还是要保护唐僧去西天取经。"众猴奇怪地问道:"大王刚才不是说,哪里也不去吗?"悟空说:"这呆子来找我,一定是唐僧有难,我怎么能不去!只是我不想让呆子知道。"说完,就驾着云找唐僧去了。

悟空悄悄地跟在八戒后面,来到了白骨洞的上空。悟空站在云头往下一看,看见山路上有一群小妖,正抬着轿子往白骨洞走来。悟空按下云头,摇身一变,变成了一个小妖。他拉住一个抬轿的小妖说:"来,我替你抬一会儿!"悟空一边抬着轿子,一边问小妖:"你们往哪里去?轿子里坐的是什么人?"小妖回答:"是白骨夫人抓住了唐僧,派我们去接她妈妈来吃唐僧肉。轿子里抬的就是老太太!"

悟空把脸一抹,现出了真身。他一阵棒打,把轿里的老妖和抬轿的小妖全部打死了。悟空又拔了一把毫毛,吹了一口仙气,变成了那群小妖。他自己则摇身一变,变成了老妖的模样,坐在了轿子里,让"小妖"们抬着,往白骨洞走去。

再说那八戒,没有请回悟空,心里生气。他跳下云头,举起钉钯就向白骨洞洞门打去,边打边骂。那女妖化成青烟飘了出来,绕到八戒身后,一把把他抓住,捆起来和唐僧、沙僧吊在一起。

这时候,小妖来报:"老太太到!"女妖一听大喜,连忙出去迎接。

他自己则摇身一变,变成了老妖的模样。

第十五回 八戒讨救兵　课后阅读

女妖来到门口，从轿子上扶下了老妖，一起走进洞来。老妖对女妖说："那唐僧在哪里？快领我去看看！"

女妖领着老妖来到了后屋。后屋里高高地一排三个，吊着唐僧、沙僧和八戒。下面烧着一大锅水，只等老妖一到，就可以把唐僧煮了吃。女妖说道："母亲请看，这吊得最高的就是唐僧。"

老妖走到唐僧面前，看了看，又问："听说，唐僧有一个本领高强的徒弟孙悟空，是里面的哪一个啊？"女妖回答："那猴头不在里面，被唐僧赶回花果山了！是女儿想的办法，骗唐僧赶走了那猴头，这才把他们师徒抓到！"

老妖问道："哦？我女儿用的什么好办法？"

女妖得意地说："母亲请看！"说着她摇身一变，变成了一个送饭的女子。女妖说："我变成这个女子给唐僧送饭，被那猴头认出来了。他一棒打来，我就丢下了一个尸首，化成青烟逃走了。唐僧不知真相，念起紧箍咒，把那猴头疼得死去活来。"

女妖说着又摇身一变，变成了一个老太婆，说："我又变成了一个老太婆，前去寻找女儿，想不到又被猴头认了出来。我看他举起了棒子，就化作了青烟逃走，还是留下了一个尸首。唐僧见猴头又打死了人，又念起二十遍紧箍咒，把那猴头疼得更是死去活来。"

说着，那女妖再摇身一变，变成了一个老头，说："我连忙再变成个老头，到山上去找老伴和女儿。那猴头又是一棒打来，我再丢下了尸首，化作了青烟逃走。唐僧见猴头一连打死了三个人，就把他赶走了！"

唐僧吊在梁上，见女妖连连变出了那被悟空打死的三个人的模样，才知道自己是受了妖精的骗，错怪了悟空，不禁出声说道："悟空啊，师父真是对不起你！"

那女妖听了唐僧的话，得意地大笑起来："蠢和尚，可惜你后悔得太晚了！那孙悟空现在正在花果山上做他的齐天大圣。你呢，马上就要到锅里去啦！"

女妖只顾哈哈大笑，没有看到那老妖听到唐僧的话，把脸一抹，现了悟空的本相，说："师父，悟空救你来了！"悟空从耳里取出了金箍棒，对准女妖就是一棒。女妖来不及逃走，被悟空一棒打死。

悟空打死了女妖，赶快放下了师父、八戒和沙僧。八戒和沙僧各出兵器，把洞里的小妖全部消灭了。

唐僧低头一看，妖怪倒下的地方出现了一堆骷髅。悟空说："师父您看，骷髅上有'白骨夫人'四个字，这就是妖精的本相。"

唐僧感激不尽，说："悟空，多亏你啦！"悟空笑着说："别说了！别说了！只要师父以后不再念紧箍咒就好了。"于是唐僧师徒四人，又踏上了西行的大路。

后屋里吊着唐僧、沙僧和八戒。

第十五回 阅读指导

地点

花果山　白骨洞

人物

美猴王

另外：　唐僧　猪八戒　沙僧　白骨精　老妖　小妖

第87页词汇（36）

八戒讨救兵　松树林　焦急　无聊　散步　宝塔　闪着　谁知　踏进　响起
尖笑声　踏破铁鞋无觅处　得来全不费工夫　费尽心机　女妖　捆住
吊起来　一拥而上　人影　拨开　草丛　梦话　说不定　紧关　提剑
恶狠狠　吵闹　省得　挥舞　渐渐　解手　钻进去　躺倒　失手　交给

第88页—第90页阅读提示

生人　熟人　轿(jiào)子

第十六回 捉拿金鱼怪

唐僧师徒一路西行，走了几个月，又到了秋天。有一天，他们一直走到太阳下山，也没有遇到一个村庄。师徒们只能借着月光往前走。走着走着，听到前面有哗哗的水声。顺着水声走过去，原来是一条大河。八戒拾起一块石头，朝河里扔去。只听见咕噜一声，没有回音。他转过头对唐僧说："深！深！深！"唐僧说："不知道这河有多宽？"悟空说："那河边立着一块石碑，我们过去看看就清楚了。"

师徒们来到了石碑前，只见石碑上刻有"通天河"三个大字，下面还有十个小字"河宽八百里，自古少行人。"唐僧看了，发起愁来。

这时候，沙僧往河上游一指，说："师父，那边有灯光，一定是有人家。我们先去那里住下，明天找只船，再过河去吧。"唐僧听了，点了点头。于是，师徒就一起向着灯光的方向跑去。到了近前一看，原来是一个有四五百家人家的大村庄。唐僧在一家人家门口下了马，对悟空他们说："你们先等着，让我进去敲门。"

唐僧走进院里，敲了敲门。不一会儿，从屋内走出一个老头来。那老头问道："长老您从哪里来？天这么晚了，有什么事？"唐僧说："我是大唐派往西天取经的，路过这里。因为天黑了，来找个住处。"

那老头摇摇手说："出家人不要说谎。大唐到这里有几千里路，你一个人，怎么能来得了？"唐僧说："我还有三个徒弟，他们都本领高强，能降妖捉怪。有他们一路保护，我才能走到这里。"那老头听了，说："那快请一起进来吧。"唐僧就叫悟空等三人进来。

一进了屋，八戒就叫着："饿死了！饿死了！"那老头说："我家做好了馒头和米饭，因为有愁苦事，谁也没有吃，师父们就请用吧。"说完，叫家人端出米饭、馒头和几样素菜，请唐僧师徒吃饭。

唐僧师徒吃过饭，那老头出去了。不一会儿，又领进一个挂着拐杖的老头，比他自己年纪稍大一些。两人给唐僧跪下，流着泪说："师父从大唐来，有降妖捉怪的本领，请救救我们一家！"唐僧慌忙把两个老头儿扶了起来，细问原因。

原来，这个地方叫陈家庄，两位老人也姓陈。那个挂着拐杖的是哥哥，叫陈清。刚才出来给唐僧开门的是弟弟，叫陈澄。陈清有个独生女儿，今年八岁，叫一秤金；陈澄有个独生儿子，叫陈关保，今年七岁。两个老头都年过半百，只有两个孩子，爱得像掌上明珠一样。可是，通天河里有个灵感大王，每年要吃一对童男童女，不然就会让河水泛滥，淹死许多人。今年，正好轮到陈清兄弟送孩子。要把两个活泼可爱的孩子送给妖怪吃，他们当然舍不得。因此，全家整天悲哭，却又想不出一个办法来。今天遇到唐僧师徒，说会降妖捉怪，陈家兄弟这才流着眼泪求唐僧师徒救他们。

灵感大王每年要吃一对童男童女。

第十六回 捉拿金鱼怪 课后阅读

悟空听了，对陈澄说："你去把你的儿子抱来我看看。"陈澄急忙出去，不一会儿，就把儿子抱来了。这孩子手里拿着果子，一边吃一边蹦跳着，还不知道是怎么回事。悟空见了，念起咒语，摇身一变，变成了陈关保的模样。两个小孩手拉手在灯前玩。悟空又把脸一抹，现出了本相，对陈澄说："像你儿子吗？"陈澄说："像！像！"悟空说："我来替你儿子，送去给那个灵感大王，怎么样？"陈澄急忙跪下，磕头感谢。

悟空又对旁边的陈清说："让我这长嘴师弟变做您的女儿，和我一起去送给灵感大王好吗？"陈清急忙回屋把女儿抱了来。八戒念起了咒语，把头摇了几摇，叫了声"变！"真的就变了过来。头脸和一秤金一样，就是肚子肥胖了点，不像女孩儿。悟空朝着她的肚子吹了一口气，用手一拍，八戒的肚子也就变了过来，和那女孩儿一模一样了。

八戒现了本相。悟空问陈清、陈澄说："不知这童男童女是怎么个送法？"陈清说："在通天河边儿上，有一座灵感大王庙。二更天的时候，让童男童女坐在两个大盘子里，盘子放在一张桌子上。三更之后，那大王就要来吃。"八戒一听慌了，说："不知妖怪是先吃男童还是先吃女童？"陈澄："听说那大王是先吃童男，后吃童女。"八戒听了，放下心来说："这么说，我的运气还不错！"

陈家庄众人把悟空和八戒抬到了庙里。三更时候，果然传来一阵呼呼的风声。八戒说："不好了，妖怪来了！"悟空说："别出声，等我答应他。"不一会儿，庙门外来了一个妖怪，眼如明星，牙如锯齿。那妖怪站在庙门外，两手插在腰上，大声问道："童男童女，你们姓什么？"悟空说："都姓陈，父亲是陈清、陈澄。"

那妖怪听了，心中惊奇："这童男胆子好大，竟敢回答我的问话！"于是又问："童男、童女你们叫什么名字？"悟空说："童男陈关保，童女一秤金。"妖怪更加惊奇了。他想去吃童男，又不敢下手，就说："往年我先吃童男，今年我要先吃童女。"

八戒慌了，说："大王还是照旧吧，不要先吃我。"妖怪不由分说，伸手就去捉八戒。八戒扑地跳了下来，现了本相，举起钉钯，朝着那怪物就打。只听当的一声，那妖怪被打了一钯，化成黑风逃走了。悟空喊了一声："追！"两个人就向妖怪追去。

那妖怪没有带兵器，不能跟悟空和八戒交战。他一边逃跑一边回头问："你们是哪里来的和尚，到这里来欺负人？"悟空喝道："妖怪听着，我们是东土大唐派往西天取经的圣僧唐僧的徒弟。你快来送死吧！"八戒举起钉钯，向妖怪打去。那妖怪躲过了钉钯，一头钻入了通天河里。

悟空对八戒说："不用赶了。这妖怪一定是住在通天河里。等天亮了，再想个法子捉住他，送师父过河。"两个人回到了陈家庄，对师父和陈家兄弟把刚才的事说了一遍。陈清、陈澄非常高兴，请唐僧师徒好好休息。

八戒就变了过来，和那女孩儿一模一样了。

第十六回 捉拿金鱼怪 课后阅读

再说那妖怪回到了水底，坐在那里生气。水中的众小妖就问："往年大王回来都很高兴，今年怎么了？"妖怪说："今年运气不好，遇见唐僧的徒弟。他们变成童男童女，差点儿我的性命都没有了。我也曾经听说，谁要吃了一块唐僧肉，就能长生不老。可是他的徒弟这样厉害，只怕吃不了他，所以我就不高兴。"

这时，鳜鱼婆在一边笑着说："大王要捉唐僧有什么难处！大王可使个神通，在今夜刮起一阵寒风，下一场大雪，让通天河结上一层厚冰。我们就变成行人，在这冰上行走。唐僧取经心急，看见行人，他也会踏冰过河。等他走到河心，大王把冰层弄破，唐僧和他的徒弟落到水中，我们就可以把唐僧捉住吃了。"妖怪听了，高兴得跳了起来，连声喊着："好！好！"

唐僧师徒在陈家庄住了一夜。第二天天亮，忽然觉得非常冷。打开门一看，只见外面白茫茫一片，正下着大雪。大雪一直下到晚上，天气更冷了。等到第三天天亮起来，听见街上有人喊："好冷的天哟，通天河都结冰了！"

唐僧一听，就领着徒弟到河边上观看。河面果然像镜子一样明亮，还有不少人挑着东西，在冰面上行走。唐僧非常高兴，说："既然这些人能走，我们当然也能走。"

唐僧师徒四人高高兴兴地上了路。他们在通天河冰面上走着走着，忽然一声巨响，脚下的冰突然裂开了！悟空急忙跳到空中，唐僧、八戒和沙僧，连同白马，都掉进了冰水里。原来，那妖怪早已等在冰层下面。他听到马蹄的声音，知道唐僧来了，就使了个神通，弄破冰层，把唐僧捉住了。

八戒、沙僧虽然也落进了河里，但他们都精通水性。两人分开水路，跳上水面。悟空在河面上等着。于是三人就商量救师父的办法。

悟空说："兄弟水中的本领不行，还是得你两个先下去。"沙僧说："哥呀，你在空中等着。我们如果赢不了妖怪，就把他引出水面，你再打他。"悟空说："快去！快去！救师父要紧。"八戒、沙僧跳进通天河里，分开水路，一直前行。在水底走了一阵，见到一座宫殿，上有"水鼋之第"四个大字。八戒闯到了门前，大声叫道："怪物，送我师父出来！"门里小妖听了，慌忙进去报告："大王，门外来了两个和尚，要他们的师父呢！"

妖怪说："这一定是唐僧的徒弟来了。快拿我的披挂来！"小妖连忙取来了披挂。妖怪穿上了披挂，手里拿着两把铜锤，领着一百来个小妖出来，对八戒、沙僧叫道："你们是哪里来的和尚，敢到我宫殿前面吵闹？"

八戒一抢手中的钉钯，喝道："我是唐僧的二徒弟猪八戒。前天我在庙里变成了女童一秤金，你还想吃我呢，怎么今天就认不出你爷爷来了？"

唐僧师徒四人高高兴兴地上了通天河。

第十六回 捉拿金鱼怪　课后阅读

妖怪一听，大怒："胖和尚！那晚我没有带兵器，被你打伤了后背。我今天要和你交战三个回合。你如果赢了我，我还你师父；你如果败给我，我就要连你一块儿也吃了！"话没说完，沙僧举起了宝杖，大喝一声："妖怪，不要胡说！先吃我一杖！"说着，就朝那妖怪劈头打了过去。八戒也从另一边，举起钉钯向妖怪打去，妖怪忙举起双锤，两边相迎。

三个人在水底打了两个小时，还是不分胜败。八戒见赢不了妖怪，就对沙僧使了个眼色。两个人假装败阵，拖着兵器，回头就跑。妖怪在后面紧追。

悟空在空中，见河水波浪翻滚，又传来喊杀的声音，知道妖怪来了。他让过了八戒和沙僧，妖怪刚一露出水面，就一棒打去。那妖怪闪身躲过，急忙用铜锤相迎。两人半云半雾，战了三个回合。妖怪招架不住，打了个水花，又钻进水里去了。

悟空来到岸边，沙僧说："哥呀，这妖怪在岸上本事不行，但在水里可厉害了。我和二哥两人都打不赢他。"八戒说："猴哥，我和沙僧再去把他引出来。这次你看准了再打。"

三人正说着话，忽然听见空中有人喊："悟空，不要急，我来了！"悟空抬头一看，原来是观音菩萨，手里提着一个竹篮。

菩萨笑着说："你们快来看我捉拿妖怪。"他说着，从衣服上解下了一条丝带，一头绑在竹篮上，然后手提着丝带的另一头，把竹篮扔到了河里。菩萨念了两遍咒语，把竹篮往上一提。只见竹篮里装了一条亮闪闪的红金鱼，还在眨眼动腮呢。悟空问："菩萨，妖怪在哪里？"菩萨说："你们看这竹篮里的鱼。"沙僧说："这鱼怎么会有那么大的神通？"菩萨说："它原来是我莲花池里养的金鱼，今天早晨我到池边看莲花，发现金鱼不见了。我一算，知道它成了精，正在通天河里害你的师父，我这才急急忙忙提了竹篮来捉它。现在你们快去救师父吧！"八戒和沙僧又跳进了通天河，一顿钉钯铁杖，打死了众小妖，救出了师父，驮上岸来。

唐僧师徒正准备找船过河，忽听水中有人高叫："大圣！我送你们过河去！"不一会儿，从水中钻出了一个大白鳖(soft-shelled turtle)，有三间房子那么大。原来，那"水鼋之第"是白鳖的洞府，被那妖怪占了。现在白鳖又可以回家了，所以他高兴地来送唐僧过河。

白鳖爬到了岸上，悟空对唐僧说："师父，我们站在他的身上渡过去吧。"唐僧有点害怕。白鳖说："师父放心。在我背上，比您坐船稳多了。"唐僧只觉得耳边呼呼风响，真像飞一样快。白鳖驮着唐僧师徒，不到一天，就过了八百里通天河。

唐僧来到岸上，对白鳖道谢。白鳖说："师父不用谢我。我在这通天河里修行了一千三百多年。虽然会说人话，但还不能变成人形。听说西天佛祖能知道过去和将来的事情，师父如果见到了他，请替我问问，到什么时候，我才能变成一个人身？"唐僧点头答应说："放心，我一定会替你问一问。"白鳖点头谢了唐僧，就回到水里去了。

唐僧只觉得耳边呼呼风响，真像飞一样快。

第十六回 阅读指导

地点

通天河

人物

灵感大王（金鱼怪）

另外： 唐僧　悟空　猪八戒　沙僧　鳜鱼婆

第92页词汇（36）

拾起　扔去　咕噜　回音　深　宽　石碑　通天河　发愁　上游　灯光
说谎　住处　馒头　愁苦事　端出　素菜　米饭　挂着　拐杖　稍大一些
细问　陈澄　独生女　陈关保　一秤金　年过半百　掌上明珠　灵感大王
一对　童男童女　河水泛滥　轮到　活泼可爱　舍不得　悲哭

第93页—第95页阅读提示

鳜(guì)鱼婆　寒(hán)风　结冰(jié bīng)　冰层(céng)　裂(liè)开　水鼋(yuán)之第

第十七回 真假美猴王

唐僧师徒在西去的路上,有一次,遇到了一伙强盗来抢唐僧的行李。悟空和强盗交战,一失手打死了两个强盗。唐僧见悟空打死了人,就又念起紧箍咒,把他赶走了。

悟空想,我这次要是再回花果山,一定会被孩儿们取笑。我还是到南海找观音菩萨评理去吧。于是悟空驾上筋斗云,来到了南海。观音用慧眼向下一看,说道:"悟空,你师父立刻会有伤身之难,不久就会来找你。你先在我这儿住下,我去和唐僧说,让他再收留你。"悟空听了观音的话,就暂时留在南海观音菩萨那里了。

再说唐僧赶走了悟空之后,师徒三人向西走了半天。唐僧又渴又饿,就叫八戒去化斋。八戒驾起云头,跳到空中。他看了又看,附近都是山岭,没有一家人家。那呆子只好落下云头,对唐僧说:"师父,我们只好饿肚子了,附近没有人家可以化斋。"唐僧说:"没有饭,有水解解渴也好。"八戒说:"那我去南边山溪中取些水来。"说完,他拿着紫金钵,驾云往山南去了。

唐僧坐在路旁,等了好久,也不见八戒回来。沙僧说:"师父,你先坐着,我去催催八戒。"唐僧点了点头。沙僧驾起云雾,也往山南去了。

唐僧独自坐在那里,正暗自悲伤。忽然,听见有人叫了一声"师父",他抬头一看,只见悟空跪在路旁,双手捧着一杯水,说:"师父,没有我老孙,你连水也喝不到呢。这一杯凉水,你先喝了解解渴,等我再去化斋。"唐僧说:"我就是渴死,也不喝你的水!我不要你了,你快去吧!"悟空说:"没有我,你去不了西天。"唐僧说:"我去得了去不了,都和你没有关系,你快走开。要不然,我就要念紧箍咒了!"

那悟空立刻变了脸,骂道:"你这狠心的贼和尚!"骂完,他提起铁棒,在唐僧的背上戳了一下,唐僧立刻晕倒在地上。悟空提起唐僧的行李,驾云腾空而去了。

不一会儿,猪八戒和沙和尚舀了水,高高兴兴地回来了。两人一看,唐僧倒在地上,行李也不见了。两人连忙扶起师父,叫着:"师父!师父!你醒醒!"唐僧醒过来,喝了几口水,说道:"徒弟,你们刚走,那孙悟空就又跑回来了,要我再收留他。我坚决不收,他就打了我一棒,把行李抢走了。"

八戒一听,气呼呼地说:"哼,我老猪上花果山找他算帐!"唐僧说:"还是让沙僧去吧,把东西要回来就是了。"

沙僧腾云驾雾来到了花果山。他跳下云头,找到了水帘洞,进去一看,只见孙悟空高坐在一个石台上。沙僧上前去行了个礼,说:"师兄,请和我回去一同保护师父去西天取经吧。如果师兄不愿意去西天取经,就请你把师父的行李还给我,让我带回去。"

他提起铁棒,在唐僧的背上戳了一下。

第十七回 真假美猴王 课后阅读

那孙悟空听了，冷笑了一声，说："谁说我不想去西天取经？我抢了师父的行李，就是要自己到西天取经！"沙僧说："师兄错了，真经可不是随便谁都能取得的。师父唐僧是观音菩萨亲自去东土找来的。如果没有师父，佛祖哪里肯把经传给你？"那悟空听了说："谁说我这里没有师父？小的们，快把唐僧请出来！"

不一会儿，一群小猴牵着白马，拥着一个唐僧走出来。后面还跟着一个猪八戒，挑着行李，和一个沙僧，拿着宝杖。

沙僧一见，大怒："哪里又出来一个沙和尚！不要走，吃我一杖！"沙僧双手举起宝杖，一下就把那个假沙僧打死了，原来那是一个猴精变的。那悟空见沙僧打死了猴精，就抢起了金箍棒，领着众猴把沙和尚围住。沙僧见情况不妙，冲开了一条路，驾着云逃出了水帘洞。沙僧逃到半空，心想："我还是去找观音菩萨帮忙，把行李要回来吧。"于是，他驾云到了南海。

沙僧见了菩萨，倒身下拜。拜完了，抬头正要告诉花果山之事。忽然，看见悟空站在了菩萨的旁边。沙僧不再说话，跳起身来，举起降妖宝杖，就朝悟空打去。悟空也不还手，只转身躲过。沙僧边打边骂："你这猴头，又到这里来欺骗菩萨呢！"菩萨喝道："悟净，不要动手！有什么事先和我说。"

沙僧收了宝杖，满脸怒气，把悟空如何打昏了师父、抢走了行李，以及在花果山假变唐僧师徒，准备自己去取经的话说了一遍。然后，又指着悟空说："这猴头会驾筋斗云，比我走得快。他先到这里，又不知用什么话欺骗菩萨呢！"

观音听了说："悟净，你可错怪了悟空。他到我这儿已经有四天了，我没有放他回去，他哪能有打昏师父、自己去取经的事？"沙僧说："我明明见水帘洞中有个孙悟空。弟子怎敢欺骗菩萨？"观音说："这事好办。就叫悟空和你同去水帘洞，弄个明白。"于是悟空就和沙僧告别了菩萨，驾起祥云，离开了南海。

不一会儿，到了花果山。悟空和沙僧跳下云头，果然看见一个孙悟空，高坐在石台之上，手中也拿着一条如意金箍棒。

悟空见了大怒，拿出金箍棒上前骂道："你是哪里来的妖怪，敢变成我的模样，占我的仙山！"那悟空也不答话，跳起来举起铁棒相迎。两个悟空踏着云光，在半空中杀在一起。沙僧在旁，分不出真假，想要举杖相助，又怕伤了真的。那两个悟空斗了一个多小时，也不分胜败。一个悟空对沙僧叫道："沙僧，你既不能助战，就先回师父那里去，等老孙与这个妖怪打到南海，请菩萨分个真假。"一个说完，另外一个也照样说了一遍。沙僧见两个猴子的模样、声音完全一样，自己也难分真假，只得听他们的话，回师父那里去了。

两个悟空踏着云光，在半空中杀在一起。

两个悟空边打边行，一直来到南海。他们两个打打骂骂，惊动了菩萨。观音出来喝道："住手！不得无礼！"两个悟空这才停下手中的兵器。一个悟空说："菩萨，这妖怪果然像弟子模样，沙僧认不出来。我们这才打到这里，请菩萨用慧眼认个真假。"这个刚说完，另外一个悟空也同样说了一遍。

观音菩萨看了好久，也分不清谁是真的，谁是假的。只听一个说："我是真的。"另一个又说："他是假的。"观音菩萨把两个徒弟叫到跟前，悄悄地说："你们二人，一人靠近一个。等我念紧箍咒，听哪个喊头疼的就是真的，不疼的就是假的。"

观音暗暗念起咒语。不想两个悟空一齐叫疼，都抱着头在地下打滚，大叫："别念了！别念了！"菩萨住了口，两个悟空又吵闹起来。

菩萨没有办法，只得说道："悟空，你当年大闹天宫时，天神都认得你，你们还是到天上去分个真假吧。"

两个悟空一起答应。他们离开南海，到了南天门外。守门的天兵天将慌得用兵器挡住，问道："大圣哪里去？"等到请来各位天神，两个悟空把经过说了一遍。可是天神也都分不出真假来。两个悟空喝道："你们既然认不出来，就让开路，我们去见玉帝！"

众天神就让开了路。两个悟空来到了灵霄宝殿，又把经过说了一遍。玉帝对托塔李天王说："用照妖镜照照他们，看看谁是真，谁是假。"李天王取出了照妖镜，请了玉帝和众神观看。那镜中却出现了两个孙悟空的影子，模样、衣服、金箍棒完全一样。玉帝和李天王也分不出真假来。

两个悟空又出了天门，边打边说："我和你见师父去！我和你见师父去！"

再说沙僧回到师父那里，把两个悟空的事说了一遍。唐僧说："当时只说是孙悟空打了我一棍，抢去了行李，哪知却是妖怪变的假悟空！"

正说话间，忽然听到空中吵吵闹闹。一看，却是两个孙悟空在打斗。八戒忍不住，跳到空中叫道："猴哥，我老猪来了！"那两个悟空一起说道："兄弟，来打妖精！来打妖精！"这下却把八戒难住了，他举起了钉钯，不知帮谁才好。

沙僧悄悄地对唐僧说："师父，等我上去和二哥一人拉一个下来，你就念念咒语，看哪个头疼就是真的，不疼的就是假的。"唐僧说："好，好。你们快去！"沙僧跳到半空，喊道："二位住手，我和你们到师父面前分个真假！"两个悟空听了，各自停下了手。沙僧上前拉住一个，又对八戒说："二哥，你也拉住一个。"四个人降下云头。

这时，唐僧暗暗地念起了紧箍咒。只听两个悟空齐声叫道："头疼，头疼！别念了！别念了！"唐僧住了口，却也分不出谁是真，谁是假。

李天王取出了照妖镜，请了玉帝和众神观看。

第十七回 真假美猴王 课后阅读

一个悟空说:"弟兄们,你们保护好师父,等我和他打到如来那里去分一个真假!"另一个悟空也同样说了一遍。两个人又跳到空中打在一起,过了一会儿就不见了。

两个悟空一直打到了西天。如来坐在莲花台上,用慧眼一看,就知道了那只妖猴的来历。他正想说破,忽见观音菩萨驾着彩云,自南而来。如来问:"观音,你看那两个悟空,谁是真,谁是假?"

观音菩萨说:"他两个曾打到南海,让弟子辨认。弟子辨认不出来,他们又去了天宫,也辨认不出来。今特来拜告如来,您千万给他们分个明白。"

如来微微一笑,说:"我看假悟空是只六耳猕猴。这六耳猕猴善听声音,无论在什么地方,千里之外之事,谁说了什么话,他都能知道。"

那假悟空听见如来说出了他的本相,跳起身来就要逃走。众神仙一起上前把他围住。假悟空摇身一变,变成了一只蜜蜂,就往上飞。如来顺手把身边的金钵抛了出去。金钵在空中翻了个个儿,倒扣在地下。

众神仙你看我,我看你,都以为假悟空逃走了。如来笑着说:"妖精没有逃走,被这金钵扣住了。"两个金刚上前拿起金钵一看,那妖精果然在那里,而且现了本相,是一只六耳猕猴。悟空忍不住怒气,拿起金箍棒,劈头一下就把他打死了。

如来说:"悟空,妖怪已经被你打死了,你快保护唐僧取经去吧。"

悟空说:"如来,师父已经把我赶走,怎么也不肯收留。我要是去了,他再不收留我,岂不是又白跑一趟?还是请您如来把这松箍咒念一念,脱下这金箍儿,交还给您。我还是回花果山当大王去吧。"如来笑着说:"我叫观音送你去,不怕唐僧不收留。你好好保护他,取回真经,到时候也少不了你的一份功劳。"

观音菩萨和悟空驾着云来见唐僧。唐僧见菩萨来了,急忙跪拜迎接。菩萨说道:"唐僧,那天把你打昏的,是假悟空六耳猕猴,现在已经被悟空打死了。前面取经的路上,还有许多妖魔,你要靠悟空保护,才能够到达西天,所以你得把悟空收留下来。"唐僧听了,不住地磕头答应:"弟子听命!弟子听命!"

正在这时,八戒驾着云,背着行李回来了。他见了菩萨,倒身下拜,说:"弟子去花果山水帘洞,把行李取来了。洞中的假唐僧、假八戒,也都被老猪打死了。"沙僧又把如来识破假悟空的经过,告诉了八戒。八戒高兴地说:"要是老猪在,也一定要打那妖怪几钉钯。"

观音菩萨又吩咐说:"今后你们师徒要同心合力,才能求取到真经!"观音说完,驾起祥云,回南海去了。

师徒四人谢了菩萨,整理行装,牵了马匹,欢欢喜喜,又踏上了取经的大路。

如来知道假悟空是只六耳猕猴。

第十七回 阅读指导

地点

取经路上　花果山　南海　南天门　灵霄宝殿　西天

人物

假猴王（六耳猕猴）

另外：　唐僧　悟空　猪八戒　沙僧　观音菩萨　佛祖如来

第97页词汇（36）

真假美猴王　遇到　强盗　抢　交战　取笑　慧眼　伤身之难　收留
暂时　又渴又饿　附近　山岭　解渴　山溪　催催　独自　暗自　悲伤
一杯凉水　没有关系　变了脸　要不然　狠心　贼和尚　戳　晕倒
腾空　醒醒　坚决　气呼呼　哼　算帐　腾云驾雾　石台　愿意

第98页—第100页阅读提示

分辨(biàn)　翻了个个儿　倒扣(kòu)

第十八回 三借芭蕉扇

唐僧师徒爬山涉水，走了几个月，转眼又到了深秋季节。可是他们走着走着，天气却越来越热。这时候，唐僧看见前边路旁有一家人家，对悟空说："你去那人家问问，快到冬天了，天气为什么还这么炎热？"

悟空上前敲门，从门里走出来了一个老头。他告诉唐僧师徒："我们这个地方叫做火焰山，一年四季，都是这样炎热。"唐僧问："火焰山在哪个方向？会不会挡住西去的路？"那老头说："火焰山正是在西边，往西去非经过这座山不可。前后有八百里的火焰，四周寸草不生。想过火焰山，就是铜头铁身子，也会化成水呢。"

唐僧听了，心急如火，脸上更是汗水直淌。悟空问："既然一年四季都是这样炎热，你们怎么种庄稼呢？"那老头说："想要吃米饭，就得求铁扇仙。在这西南方的山上有一个芭蕉洞，洞里住着铁扇公主。她有一把芭蕉扇，是个宝贝。扇一次熄火，扇两次生风，扇三次下雨。我们每年都准备好了礼物，去求那铁扇仙用扇子扇下雨来，才能播种，长出庄稼。"悟空听了，高兴极了，便去借芭蕉扇。

悟空驾着筋斗云，转眼间就到了芭蕉洞。他看见洞口站着一个女童，便说："请去报告公主，孙悟空保护唐僧去西天取经，路过火焰山，要借芭蕉扇用一用。"

女童进洞报告说："公主，洞门外有个和尚，想借芭蕉扇，过火焰山用。"

铁扇公主冷笑了一声，说："我倒要看看是什么和尚，敢来问我借扇子？"她走出洞来对悟空说："要借扇子可以，我要先砍你三剑。"

悟空笑笑说："可以可以，只要你肯借扇子给我用，你爱砍几剑就砍几剑。"铁扇公主乒乒乓乓，朝悟空的头连砍了十来下。悟空毫不在意，还是对着她笑。

铁扇公主皱了皱眉头，说："你这猴头虽然硬，我的扇子还是不借给你！"悟空见公主说话不算数，就举起了金箍棒，说："不肯借？先吃老孙一棒！"铁扇公主听了，连忙取出了芭蕉扇，用力向悟空扇去。

悟空被芭蕉扇一扇，身子就飘到了空中，飘飘荡荡，在空中翻滚了一夜，直到天亮，才落到了一座山上。悟空走下山来，见大树下坐着一个人，一看，是灵吉菩萨。灵吉菩萨见了悟空，问："大圣保护唐僧去西天取经，怎么有空到我的山上来？"悟空把被铁扇公主用芭蕉扇扇到这里的情形，说了一遍。

灵吉菩萨说："大圣不用着急。我送你一粒定风丹，你把它吞下去，铁扇公主就再也扇不走你了。然后你再向她去借扇子，送你师父过山。"说着，灵吉菩萨从一个小口袋里，拿出了一粒定风丹。悟空接过定风丹，一口就吞到了肚子里。然后，拜谢了灵吉菩萨，驾起筋斗云，回到芭蕉洞。

火焰山前后有八百里的火焰，四周寸草不生。

第十八回 三借芭蕉扇　课后阅读

悟空驾云来到了芭蕉洞口，用铁棒打着门叫着："开门！开门！老孙又来借扇子了！"铁扇公主在洞里听了，心想："这猴头回来得好快！这次让我多扇他几下，叫他找不到回来的路。"于是她走出洞口，喝道："孙悟空，你怎么又来找死？"悟空笑着说："公主，不要小气。把扇子借给我，我用了以后一定还你。"

铁扇公主哪里肯借？她嘴里一边骂着，一边伸手取出了扇子，<u>使劲</u>向悟空扇了两下。哪知悟空却一动不动，笑嘻嘻地说："公主，你再扇一万次，我老孙也不会动一动！"铁扇公主又一连扇了几下，悟空还是一动不动。这下铁扇公主可发慌了，急忙收了宝贝，跑进洞里，把门紧紧地关上。

悟空见她关了门，就摇身一变，变成了一个小虫，从门缝里钻了进去。悟空进了屋，只听见铁扇公主叫道："渴死了，快拿茶来！"女童给公主送来一碗茶。悟空<u>乘机</u>飞进碗里，变成了一片茶叶。

铁扇公主端起茶，大口喝水。悟空顺着茶水，进到了铁扇公主的肚子里。悟空在公主的肚子里大叫："快把扇子借我用用！"铁扇公主吓得变了脸色，问道："孙悟空，你在屋里叫？"女童指着铁扇公主说："公主，他在你身上叫呢。"

铁扇公主更加发慌，大声问："孙悟空，你在哪里？"悟空说："我在你肚子里玩呢！我知道你渴了，送你一碗水！"说着，就把脚往下一蹬。霎时，铁扇公主肚子像刀割一样疼。悟空又叫道："你饿了，我再送你些点心吃！"叫着，又把头往上一顶。铁扇公主疼得实在受不住了，在地上直打滚，不停口地<u>哀求</u>："孙叔叔饶命！孙叔叔饶命！"

悟空在铁扇公主肚子里停住了手脚，说："快把扇子拿出来，我就饶你的性命！"铁扇公主说："扇子一定给你！你出来吧。"说完，就叫女童拿出了一把芭蕉扇，放在身边。悟空爬到她喉咙上望了一望，真见有一把扇子，就变成了一个小虫飞了出来，落在了芭蕉扇上。悟空现了本相，拿过扇子，说了声："谢谢！"

悟空驾起筋斗云，回到了唐僧的身边，拿出扇子说："师父，芭蕉扇借来了。"唐僧非常高兴地说："悟空，你辛苦了！"师徒四人就向火焰山走去。

他们越走越热，就像走近了一个大火炉一样。悟空说："师父请下马。等我老孙用扇子扇熄了火，下过了雨，等地上凉些，我们再过山去。"悟空继续往前走，离火焰不远了，就举起了扇子，用力一扇。哪知那火不但没<u>灭</u>，反倒更<u>旺</u>了。再一扇，火焰腾起了百丈多高。悟空扇到了第三下，那火冲上了云天。悟空一看不好，急忙往回跑。他跑到唐僧面前，大声喊道："快跑！火来了！火来了！"唐僧爬上马，和八戒、沙僧，又往东走了二十来里路，才停了下来。唐僧问："悟空，这是怎么回事？"悟空说："这扇子不好用，越扇火越大。一定是铁扇公主骗了我！"

唐僧听说悟空的扇子不好用，就又叹着气说："唉，怎么办呢？"正在这时，忽然听见有人叫道："唐僧别急，我是火焰山的土地，给你们送饭来了。"

铁扇公主肚子像刀割一样疼。

第十八回 三借芭蕉扇　课后阅读

孙悟空问土地："这火焰山，是谁放的火？"土地说："说来你别生气，这火本来是大圣您放的。"悟空听了大怒："不要胡说！我老孙什么时候放过火？"土地说："五百年前，大圣从老君的丹炉里跳出来，踢倒了炉子，掉下了几块炭火，落到这里，就变成了火焰山。大圣，你要是真想借这芭蕉扇，就得找铁扇公主的丈夫牛魔王。"

于是，悟空就来到了牛魔王住的摩云洞外，叫道："牛大哥！把你家的扇子借来用一用！"牛魔王听见喊叫声，跑出来问："是什么人在我家门口大喊大叫？"悟空回答说："大哥，是我！我保护唐僧去西天取经，想借你妻子的扇子用一用，请你去说一声。"

这牛魔王原来是孙悟空的好朋友。可是，就在唐僧去西天的路上，因为牛魔王的儿子红孩儿想吃唐僧的肉，被悟空降伏了，牛魔王就一心想给儿子报仇。牛魔王冷笑了一声，说道："哼，孙猴头你要借扇子，那还要问我手里的棍子肯不肯！"

悟空说："大哥要打，小弟也不怕。不过，还是请大哥借扇子给我用一用。"牛魔王举起铁棍，朝悟空劈头就打。悟空抡起金箍棒对面相迎。悟空和牛魔王在摩云洞外，大战了一百来个回合，不分胜败。

两人正打得难解难分的时候，忽然听见有人叫道："牛爷爷，我家大王请你早些去吃饭！"牛魔王听了，用铁棍把悟空的金箍棒一挡，说："猴头，今天我不打了，我要到一个朋友家吃饭去。"说完，按下云头，骑上了他的避水金睛兽，半云半雾地走了。

悟空站在山坡上，见牛魔王走了，心想："我老孙跟他去看看。"他身子一晃，化做了一阵风，跟上了牛魔王。不一会儿，牛魔王骑着避水金睛兽下到了一个水池子里。悟空念起咒语，摇身一变，变成了一只大螃蟹，跟着钻进了水中。走了不多远，悟空看到牛魔王的避水金睛兽蹲在那里。悟空心想："老牛在这里喝酒，一时走不了。就是喝完了酒，他也不会把芭蕉扇借给我用。不如我偷了他的金睛兽，变成牛魔王，去见铁扇公主，骗来她的扇子，送我师父过山。"

悟空想好了，就现出了本相，跳上金睛兽，骑出水底。悟空又摇身一变，变成了牛魔王的模样，骑着金睛兽，驾云来到了芭蕉洞口。看门的女童见是牛魔王回来了，忙进去报告："公主，大王回来了。"铁扇公主听了，满心喜欢，急忙出来迎接。

悟空进到洞里，对铁扇公主说道："听说孙悟空最近要路过这里，当心你的扇子，可不要让他骗去了！"铁扇公主笑着说："大王放心，扇子我藏得好好的呢！"说完，从口中吐出了一把杏叶大小的扇子，递给悟空说："你看，这不是宝贝？"

悟空把扇子接在手中，有些不信，心里想："这么大一点儿，怎么能把火焰山给扇灭？可能又是假的。"悟空问："这么个小东西，怎么能扇八百里大火？"

悟空和牛魔王在摩云洞外大战。

第十八回 三借芭蕉扇 课后阅读

铁扇公主说:"大王,你怎么糊涂了,连自己家宝贝怎么用都忘了?只要你说一声'吸嘻吹呼',扇子就能长到一丈二尺长。哪怕什么八百里火焰,一扇就可以烟消火熄了。"

悟空听了,便把扇子放到了口里。然后把脸一抹,现出了本相,说:"铁扇公主,你看我是谁?"铁扇公主一见是孙悟空,慌得推倒桌子,坐在地上,用手捂着脸,大哭了起来。

孙悟空转身出了芭蕉洞,驾云来到空中。悟空把扇子从口中吐了出来,念了一声"吸嘻吹呼",那扇子真的一下长到了一丈二尺长短。可是悟空学会的口诀,只能让扇子变大,不能让扇子变小。没办法,他只得扛着大扇子,驾云去找唐僧。

再说牛魔王喝完了酒,一出门,不见了避水金睛兽,心里立刻明白了:"不用说,一定是孙悟空偷去到铁扇公主那儿去骗芭蕉扇了!快追!"

牛魔王驾着黄云,直奔火焰山而来。正在这时,他见悟空正扛着大扇子在前面走着。牛魔王心想,"我如果当面向他要扇子,他一定不会给。再扇我一下,还不把我扇出八万多里地?有了,我不如也骗他一骗。"

牛魔王摇身一变,变成了八戒的模样,赶到悟空前面,叫道:"师兄,师父让我来接你!"悟空这时正高兴得很,哪里辨得真假?见八戒来了,就把扇子一举,笑着说:"你看,宝贝我已经拿来了。"牛魔王又靠近了一些说:"哥呀,你受累了,让我来扛扇子吧。"悟空顺手就把扇子交给了他。

牛魔王接过芭蕉扇,念个咒语,那扇子又变成像杏叶一样大小。他藏了扇子,现出本相,叫道:"猴头,你还认得我吗?"悟空见了,后悔(regret)得直拍脑袋:"只怪我太大意了!"悟空气得举起金箍棒,朝牛魔王劈头就打。牛魔王侧身躲过,拿出扇子,对着悟空扇去。悟空已吃过了定风丹,当然扇不动。牛魔王慌了,又把宝贝放进口中,举起铁棍打来。悟空抡起金箍棒相迎,两个在半空中厮杀起来。

再说唐僧在路上等着悟空,过了半天,也不见他回来,就对八戒说:"八戒,你去看看你师兄。如果他遇到敌手,你用力帮助他,早些把扇子借来,好过山赶路。"

八戒听后,扛着钉钯,跳上空中,忽见前面狂风滚滚,一片喊杀声。八戒近前一看,原来是悟空和牛魔王正在厮杀。八戒走上前,对悟空高叫:"师兄,我来了!"悟空回头见是八戒,心中大喜,说:"兄弟,快来帮我打这老牛!"

八戒举起钉钯,直奔牛魔王,没头没脑一阵乱打。牛魔王和悟空战了半天,身体已经疲乏,这时再加上个猪八戒,有些抵挡不住。他一转身就逃到芭蕉洞里去了。

牛魔王摇身一变,变成了八戒的模样。

第十八回 三借芭蕉扇 课后阅读

牛魔王回到了洞里,从嘴里吐出了芭蕉扇交给了铁扇公主。刚一坐下,悟空和八戒就打破了洞门杀了进来。牛魔王冲出洞口,摇身一变,变成了一头巨大无比的大白牛。

正在这时,只听见天上传来了喊声:"老牛不要乱动!"原来,是托塔李天王高举照妖镜,带着天兵天将站在空中。李天王说:"今天早晨佛祖如来送信给玉帝,说唐僧被困在火焰山。玉帝让我们父子来帮助大圣,降伏牛魔王。"悟空听后,赶紧谢了天王父子。哪吒大喊一声"变!"就变成了三头六臂,飞身跳到了大白牛的背上。

牛魔王被照妖镜照住,变化不了,只得喊着:"饶命啊!饶命啊!"

哪吒说:"要想活命,快把扇子拿出来!"牛魔王说:"扇子在我夫人铁扇公主那里。"哪吒听了,就拿出自己的缚妖索,一头穿进老牛的鼻孔,另一头拿在手里,牵着老牛往芭蕉洞走去。悟空、八戒和托塔李天王等天兵天将紧紧地跟在后面。到了芭蕉洞口,牛魔王叫道:"夫人,快把扇子送出来,救我的性命!"铁扇公主慌忙捧着一丈二尺长的芭蕉扇,走了出来,跪在地下磕头说:"请饶我们夫妻性命,我们愿意把扇子献给孙大圣!"悟空上前接过了扇子,众人押着牛魔王和铁扇公主,驾云向火焰山的方向走去。

再说唐僧和沙僧在那里坐了一会儿,又站了一会儿,盼望着悟空和八戒能早些回来。他们心里正焦急的时候,忽见满天彩云,悟空、八戒和各路神仙来到了。唐僧和沙僧慌忙起来迎接。

悟空手里拿着芭蕉扇,来到了火焰山的山边上。他用宝扇朝火焰使劲一扇,只见那光闪闪的大火,一下子熄灭了。悟空又扇了一扇,立刻呼呼地吹起了一阵清风。悟空扇了第三下,就唰唰地下起了细雨来。这时,周围的空气再也不那么热了,众人都像喝了山泉水一样的舒服。

李天王和哪吒太子对悟空说:"现在我们可以回去向玉帝报告了。"说完,牵着白牛,驾云回天宫去了。

悟空转身问铁扇公主:"听本地人讲,这山上的大火熄灭了一次,只能种一年的庄稼,一年以后还会复发。怎么才能使火完全熄灭呢?"铁扇公主说:"大圣只要用扇子连扇七七四十九下,火焰就永不再发了。"悟空听了,手拿扇子,接连扇了四十九下。霎时间,只见火焰山上,下起了瓢泼大雨。

悟空把扇子还给了铁扇公主,说:"我老孙说话算话,你把扇子拿回去吧!"铁扇公主谢过悟空,接了扇子,念了个咒语,把它变成杏叶儿大小,含在了嘴里。公主又拜谢了唐僧师徒,这才飞身离去。

唐僧师徒到了山上,雨也停了。他们告别了土地,迎着凉爽的空气,继续向西行进。

悟空扇了第三下,就唰唰地下起了细雨来。

第十八回 阅读指导

地点

火焰山　芭蕉洞

人物

铁扇公主（铁扇仙）

另外：　牛魔王　唐僧　悟空　猪八戒　沙僧　观音菩萨　佛祖如来

第102页词汇（36）

三借芭蕉扇　爬山涉水　深秋　季节　越来越　火焰山　一年四季　炎热　挡住　四周　寸草不生　铜头铁身子　化成水　心急如火　汗水直淌　庄稼　芭蕉洞　铁扇公主　扇　熄火　生风　礼物　播种　路过　砍　乒乒乓乓　硬　毫不在意　不算数　不肯　飘飘荡荡　翻滚　灵吉菩萨　情形　定风丹　拜谢

第103页—第106页阅读提示

避水金睛兽（bì shòu）　水池子（chí）　杏叶大小（xìng）　缚妖索（suǒ）

第十九回 大圣救娃娃

唐僧师徒一路西行，来到了比丘国的京城。师徒四人见城里虽然人来人往，但是人们的脸上，却很少有笑容。走在街上，唐僧看见不少人家的门口，都放着一个木笼子，上边还用布盖着。有的木笼里，还传来了小孩的哭声。他觉得非常奇怪，就让悟空去看看。

悟空念起咒语，摇身一变，变成了一只蜜蜂，拍拍翅膀，飞到了附近一个笼子上。悟空钻进去一看，笼里坐着一个小男孩，正在吃点心。悟空再飞到第二个笼里一看，也是坐着一个小男孩，正在那里哭。悟空一连看了七八个木笼，里边装的都是小男孩，大的六七岁，小的四五岁，有的睡着了，有的正坐着玩，有的还在哭叫。

悟空也觉得很奇怪。他回到唐僧的身边，把看到的情况说了一遍。唐僧说道："天晚了，我们先找个旅馆住下，再打听打听。"

唐僧师徒在一家旅馆住下了。吃了晚饭，唐僧叫来了店家，问："我们在街上，看见许多人家的门口都放着木笼，木笼里装的是小孩，不知是为了什么？"

店家叹了一口气说："唉！这件事长老最好不要问。问了，你们也管不了。"

唐僧听了，更加疑惑，就一定要问个明白。店家没有办法，只能悄悄地对唐僧说："那我就长话短说。我们这里原来叫比丘国，现在人们都叫它小儿国。三年前，有个老头带了一个美女到这里，把她送给了国王。国王见她长得漂亮，就娶她为王后，称做美后。这样一来，那老头就成了国丈。不到一年，国王就得了病，身体瘦弱。国丈给他配了一副药，说是吃了药病就会好。可是，要用一千一百一十一个小男孩的心来熬汤，做药引子用。于是国王就下命令，让各家贡献小男孩。长老在木笼里看到的，就是这些男孩子。听说国王明天就要熬汤吃药，这些孩子看来就要没命了！"

唐僧听了，忍不住两眼流泪，痛心地说："可怜这么多孩子，不知谁能救他们的性命？"悟空听了说："师父，您今晚放心地睡觉，明天和老孙一起进王宫去，看看那国丈是不是个妖怪。这些小男孩，今晚老孙就想个办法把他们藏起来，见机行事。"

唐僧听了，化悲为喜。悟空忙站起来，对八戒和沙僧说："你们二人在这里保护师父，我去救小男孩。如果你们听到了狂风起来的声音，就知道这些小孩都已经安全救走了。"

悟空走出门外，跳到半空。他念起了咒语，叫来了土地和山神。悟空把事情告诉他们说："我师父想救这些孩子，请你们帮个忙，把小孩和木笼，一起搬到城外的树林里，收藏一两天。你们要好好地保护这些孩子，给些水果和饭食，别让他们饿着了。等我除了妖怪，再把孩子送还给他们的父母。"土地和山神听了，就吹起了一阵狂风，把城内一千一百一十一个装小孩的木笼，全部搬到了城外的树林里，藏了起来。

悟空念起咒语，摇身一变，变成了一只蜜蜂。

第十九回 大圣救娃娃 课后阅读

第二天天亮，唐僧起来穿了袈裟，手拿锡杖，去见国王。悟空叫八戒和沙僧看守好行李和马匹，自己变成了一个小虫，停在了唐僧的帽子上，和唐僧一起进王宫去了。

唐僧见了国王，发现国王果然是身体<u>瘦弱</u>的样子。唐僧和国王说了一会儿话，就起身告别。唐僧正要出宫的时候，国丈来了。悟空从帽子上飞下，飞到唐僧的耳边说："师父，这国丈是个妖怪。你先回旅馆休息，我再去查看一下。"

悟空又飞回了王宫，落在了<u>屏风</u>(screen)上。这时，一个官员来向国王报告说："陛下，不好了！昨天夜里，忽然刮起了一阵狂风，把城内各家小男孩连同木笼，全部刮跑了。我们到处寻找，一个也没有找到。"

国王一听，对国丈说："这可怎么办？好不容易有了一千一百一十一个小男孩，今天中午就要开刀，现在却被狂风刮走了，这不是老天要我的命吗？"那国丈听了哈哈地笑着说："陛下不要急。大风吹走了那些小男孩，现在老天又给你送来了一个更好的药引子。"国王连忙问："国丈说的是什么东西？"国丈说："我是说刚才出去的那个唐朝和尚。用他的心做药引子，比小孩的心好得多，吃了可以长生不老。"

国王听了，急忙说："那好，那好，马上去把那个唐僧给我抓来！"

悟空听了，急忙飞回旅馆，现了本相，对唐僧说："师父，不好了！"接着就把刚才的情形说了一遍。唐僧一听，吓得半天说不出话来。

悟空说道："师父您不用怕。您变成我的模样，我变成您的模样，等一会儿抓您的人来了，让他们把我抓去就是了，

我自有办法。"唐僧着急地说："这怎么行，你会变我，我可不会变你啊！"悟空说："师父别急，看我的！"只见他念起了咒语，往唐僧的脸上吹了一口气，唐僧就变成了悟空。

悟空脱下自己的衣服，给唐僧穿上。自己穿上了唐僧的衣服，摇身一变，变成了唐僧。连八戒和沙僧也分不出真假来了。悟空和唐僧刚变化完，国王派来的官兵就把旅馆<u>包围</u>了。有人冲进来问："东土唐长老在哪里？"悟空迎出来说："我就是唐朝来的和尚。"那人说："唐长老，我们国王请您去。"说着，就上来了几个兵，把假唐僧带走了。

悟空见了国王，问道："比丘王，您请我来有什么事？"国王说："我身体有病，国丈给我配了一副药。现在需要一味药引子，请唐僧帮忙。"悟空说："我是出家人，没带什么东西，不知有什么能贡献给您。"

国王说："不要别的，只要长老的心用一用。"悟空笑了笑，说："心倒是有几个，不知陛下要什么颜色的？"

悟空从帽子上飞下，飞到唐僧的耳边。

第十九回 大圣救娃娃　课后阅读

那国丈在一旁，指着悟空说："和尚，只要你的黑心！"悟空说："那么，快些拿刀来，如有黑心，你拿去就是。"

一个官员拿来了一把尖刀，交给了悟空。悟空接过尖刀，挺起胸膛，哗的一声切开了，用双手捧出了一堆心来，有红的、白的、黄的、绿的……就是没有黑的。国王见了，吓得战战兢兢地说："快收了吧，收了吧！"

悟空收了法术，现了本相，喝道："我们和尚的心都是红的，只有你的国丈长了一个黑心，正好做药引子。不信，让我取出来给您看看！"说着，就直奔国丈。

那国丈抬头一看，认得是当年大闹天宫的孙悟空，喊了声"不好！"急忙逃出了王宫。悟空一个飞步追了上去，喊道："妖怪哪里走，吃我一棒！"两个就在王宫门口厮杀起来。妖怪抢起了龙头拐杖，和悟空苦战了二十个回合，渐渐抵挡不住了。他把身子化作了一道白光，不知去向。

悟空跳上云头，只听见八戒在身后高喊："猴哥，师父让我来帮你捉妖！"悟空四下仔细观看，看不到妖怪逃到什么地方去了，只得念了声咒语，把土地找来问。

土地伸手一指说："大圣到河南岸，找到那棵有九个枝杈的大柳树，绕树左走三圈，右走三圈，用手往树上一拍，连喊三声'开门'，就会露出妖怪的洞府。"

悟空和八戒跳到了河南岸，来到了那棵大柳树下。悟空对八戒说道："你在这里站着，等我叫开门，引出妖怪，你就用钉钯猛打。"

悟空自己绕着柳树左走三圈，右走三圈，然后用手拍拍树，叫道："开门！开门！开门！"果然，哗啦一声，柳树干上，开了两扇门。悟空走进去，见里面又是一个天地：有山有水，路边还开着各种鲜花。悟空向前走了不远，看见那妖怪正和美后说话。悟空举起铁棒，大喝一声："妖怪，不要跑！"一棒向妖怪打去。妖怪跳起身，举起龙头拐杖相迎。

悟空和妖怪在洞内边走边打。八戒在洞外，听到了洞里的叫嚷声，知道是悟空引着妖怪出来了，急忙举起钉钯准备好。悟空退到洞外，妖怪也跟着出来了。八戒向妖怪一钯打去。那妖怪见钯子来得急，一跳身子躲过。

妖怪和悟空一个打已经抵挡不住，现在又杀出来一个猪八戒，他怎么能不心慌？妖怪一看不好，就又化作了一道白光，向东败走。

悟空和八戒正向白光追赶，忽见对面来了一个老头，用手盖住了白光，嘴里叫着："大圣慢追！"悟空一看，原来是南极寿星。八戒笑着说："胖老头，您把白光盖住，一定是捉住妖怪了。"寿星笑着说："在这儿，在这儿。请二位饶他的性命吧，他是我骑的一只白鹿，没想到跑到这里来捣乱了。"

悟空说："请寿星让他现出本相看看。"老寿星往白光一指，喝道："快现本相，饶你的性命！"只见那白光一晃，化成了一只白鹿。

只见那白光一晃，化成了一只白鹿。

第十九回 大圣救娃娃 课后阅读

寿星拿起拐杖，笑着说："这家伙，连我龙头拐杖也偷来了。"说完，骑上鹿就要走。悟空上前一把拉住，说："寿星慢走，还有两件事情没有办完呢。"寿星问："还有两件什么事？"悟空说："一件是美后还没有抓住，不知那是个什么妖怪。另一件是我要把白鹿送到比丘国，让那国王认识认识他的老丈人。"

寿星说："那你们先去捉拿美后，我在这里等着。等你们捉了美后回来，我们再一起去比丘国。"悟空和八戒又进到洞里。那美后见悟空领着一个长嘴和尚进来，吓得转身就跑。八戒一步赶上，喝道："你这个妖精，哪里跑！"八戒一钯打去，那美后被打倒在地下，现出了本相，原来是一只白面狐狸。

八戒拖着狐狸尾巴，和悟空出了洞。他们一起来到比丘国，进了王宫。八戒把死狐狸往国王脚下一扔，说："这就是你的美后，你仔细看看吧！"国王看见了，吓得战战兢兢。

悟空指指白鹿对国王说："这鹿就是你的国丈！"国王不住地说："感谢神僧救了我的性命！感谢神僧救了我的性命！"

国王对悟空说："有一件事，还得请神僧说明。"悟空问："什么事？"国王说："昨天夜里一阵狂风，把城里的一千多个小男孩全部刮走，不知带到哪里去了？"

悟空笑着说："我师父怕那些孩子被害，才叫老孙把他们救走了。现在既然妖怪已经除掉，一会儿老孙就把孩子送还给他们的父母。陛下以后也不要再做这种糊涂事了。"国王红着脸，点着头说："是！是！"

悟空又转过身来对寿星说："寿星老弟，我见你袖子里有三粒枣子 (dates)，你送给国王治病吧！"寿星笑笑，从袖子里取出了三粒枣子，给了国王，说："我因为急着出来找鹿，没有带丹药。这三粒枣子，你冲水喝下，病就会好。"

寿星告别了唐僧师徒和国王，骑上了白鹿，腾空飞去。

悟空又念了咒语。一阵风，土地和山神把木笼从空中送了下来。城内百姓纷纷拜谢，欢天喜地，认领了自己的孩子。

第二天一早，唐僧让八戒收拾行李，沙僧牵了白马，四人出发西行。城里的百姓都领着自己的儿女，站在路边送行，有的一直送到了城外。

土地和山神把木笼从空中送了下来。

第十九回 阅读指导

地点

比丘国

人物

比丘国国丈（白鹿精）

另外： 唐僧　悟空　旅店店家　比丘国国王　南极寿星

第108页词汇（36）

比丘国　京城　笑容　木笼　布　盖着　蜜蜂　拍拍翅膀　点心　旅馆
打听　店家　疑惑　长话短说　美女　漂亮　娶　王后　称做　美后
国丈　瘦弱　命令　忍不住　熬汤　药引子　贡献　痛心　可怜
见机行事　保护　安全　化悲为喜　收藏　饭食　除了

第109页—第111页阅读提示

屏(píng)风　九个枝(zhī)杈(chà)的大柳(liǔ)树　南极(jí)寿(shòu)星　枣(zǎo)子

第二十回 取经回大唐

唐僧在西去的路上，整整走了十四年。有一天傍晚，他骑在马上，远远望见一座青山，山上彩云缭绕。唐僧指着那山说道："你们看，那真是一座好山！"

悟空听了笑着说："师父啊，你一路上左拜右拜，不该拜的地方您都拜了。如今到了佛祖住的灵山，倒不下马，还在马上指指点点的？"

唐僧听说已经到了灵山脚下，连忙跳下马来。这时只见前面走来一个小孩，问唐僧师徒："你们是从东土来的取经人吗？"唐僧答道："正是！正是！"悟空在唐僧的耳边轻声说："师父，您别看他是个小孩，他是灵山脚下玉真观的金顶大仙。观音菩萨要他在这里等待我们，已经等了十四年了！"这时候，只听那大仙笑着说："我上了观音菩萨的当。他到东土去找取经人时，对我说两三年就能来到这里。我年年等候，想不到，一等就等了十多年，直到今天才见到你们。"唐僧连忙向他行礼道谢。

金顶大仙领着唐僧师徒来到了玉真观里，他把饭已经准备好了。师徒四人吃了晚饭，大仙又安排他们洗了澡。第二天，唐僧穿上了观音留给他的袈裟，悟空、八戒和沙僧也换上了干净的衣服，沿着玉真观后面的一条小路，向灵山走去。

师徒四人历经了千辛万苦，终于到了西天，心里真有说不出的高兴。他们在小路上欢欢喜喜地走着。忽然，路断了，前面有一条河挡着。那河有八、九里宽，波浪滚滚，河面上没有一只船。他们朝四周看看，也没有一家人家。唐僧说："悟空，没路了，我们是不是走错了？"

悟空仔细一看，往河上面一指，说："没错，你们看，那里不是有一座桥吗？"师徒四人赶上去一看，原来是一座独木桥。

唐僧连连摇头说："走不得！走不得！这么宽的河，掉下去怎么办？我们再去找别的路吧！"悟空说："这正是上西天的路啊！"八戒说："这是路，哪个敢走啊？水面又宽，波浪又大，这一根木头又细又滑，怎么能走人？"悟空说："你们等着，看我的！"说完，上了独木桥，大步向前走去。走了几步，他站在桥上转过身来说："八戒，来！跟我走！"八戒吓得扑在地上，连声说："不行，不行！你饶了我吧！"唐僧和沙僧也在一旁说："难！难！"谁也不敢上前。

正在这个时候，只见河上有个人，撑着一只船过来了。唐僧高兴极了，忙叫道："看，渡船来了！"等那船到了跟前一看，唐僧又傻了眼。原来是一只没有底的船！船上的人叫道："长老请上船！"悟空火眼金睛，早已认出那人是如来派来的接引佛。可是唐僧却在那里惊叫道："哎呀，这无底的破船，怎么能渡人！"

只见河上有个人，撑着一只船过来了。

第二十回 取经回大唐 课文

悟空说："师父别怕！这是佛祖派来的接引佛呀！"唐僧这才和悟空、八戒、沙僧一起上了船。唐僧师徒坐着无底船渡过了河，他们的鞋子和衣服却一点也没有湿。上了岸，他们顺着山路，一步步爬到了灵山的山顶。只见大雷音寺金碧辉煌。

唐僧、悟空、八戒和沙僧四人，牵着白马，挑着行李，来到了大雄宝殿。他们到了如来面前，唐僧师徒跪下，拜了三拜。唐僧对如来说："弟子玄奘，受东土大唐皇帝的派遣，爬山涉水，来到西天。请佛祖把真经赐给我们，我们好早些回国！"

如来对管理真经的阿傩（ē nuó）、迦叶（jiā yè）说："你们两个领他们四人先去吃饭，然后到藏经楼里，从我那三十五部真经中，各挑一些给他们。"

阿傩、迦叶领着唐僧师徒去吃了饭，然后领他们到了藏经楼。阿傩问道："圣僧从东土来，给我们带了些什么礼物？快拿出来，我们好给你经书。"唐僧说："我们从东土到西天，路途遥远，弟子没有带礼物来。"阿傩、迦叶听了，笑着说："这可不行。经书不能轻易外传，像你们这样空着手来取经，哪有这么便宜的事？"

唐僧师徒跪下，拜了三拜。

悟空见阿傩、迦叶不肯给经书，忍不住喊道："师父，走，找如来去，让他亲手把经书交给我老孙。"阿傩急忙说："别吵！别吵！这是什么地方，你还乱吵？快到这边来接经书！"八戒、沙僧接了经书。唐僧师徒把一部分经书驮在马上，剩下的经书由八戒和沙僧挑着。然后，又到大雄宝殿拜谢了如来，就下山了。

再说大雄宝殿里有一位燃灯玄佛。他知道阿傩、迦叶并没有把真经送给唐僧。他心想："唐僧经历了千山万水，才来到灵山，怎么能让他白来一次！"他轻声对身边的白雄尊者说："你快去赶上唐僧，把他的经书夺了，叫他重新来取。"白雄尊者听了，就化成了一只雄鹰，驾起狂风，赶上了唐僧师徒。他从空中伸下了一只爪子，把驮在马背上的经书，一把抢去。这一下可急坏了师徒四人。八戒和沙僧护住剩下的经书，悟空跳到空中追赶。白雄尊者见悟空追了上来，怕他的棒子重，打伤了自己，爪子一松，经书就乱纷纷地掉了下去。悟空见经书掉了下去，连忙按住云头，在地上一本一本地拾。八戒和沙僧也弯下腰来，一起拾经书。沙僧顺手翻开一本经书一看，不由得大吃了一惊。原来这本经书满纸雪白，上面一个字也没有。沙僧忙把它交给唐僧看，说："师父，这本经书没有字。"

悟空听了，打开另一本经书一看，也没有字。八戒又打开一本，还是没有字。唐僧说："把这些经书都打开看看！"四人一起动手，把所有的经书全打开看了，都是白纸本子！唐僧流着眼泪说："像这样没有字的本子，我们取回去有什么用？我们怎么去见大唐皇帝？"悟空气乎乎地对唐僧说："师父，我明白了，这是阿傩、迦叶这两个家伙干的。他们要礼物，我们没有，他们就把白纸本子给了我们。我们上山找如来去！"

唐僧师徒四人又回到了雷音寺,来到了大雄宝殿。悟空喊道:"如来,我们师徒受了千辛万苦,从东土来到你这里取经,那阿傩、迦叶却要礼物。我们没有,他们就故意给了我们一些白纸本子。我们要这些白纸本子有什么用?"如来听了,笑着说:"悟空,你不要嚷。他们两个向你们要礼物,我知道了。但这经书不能轻易外传,也不能空手取去。今天你们空着两只手,他们两个自然也就给你们拿了些白纸本子。"

唐僧跪在地上,再三恳求,如来才对阿傩和迦叶说:"把有字的真经,每部中给他们拿一些吧!"阿傩、迦叶领着唐僧师徒第二次来到了藏经楼后,还是要礼物。唐僧没有办法,只得叫沙僧取出了紫金钵,双手送上说:"这紫金钵是大唐皇帝送给我路上化斋用的。贫僧没有别的东西,就把它献给二位吧。请千万把有字的真经传给我们。"阿傩、迦叶笑着把紫金钵接了过去,这才去拿经书。唐僧对三个徒弟说:"你们都细心看着,别像上次那样,拿了没有字的。"悟空、八戒和沙僧接过了一卷看一卷,一共接了五千零四十八卷,每卷都是有字的。

悟空把经书捆好,大部分驮在马上,剩下的让八戒挑着。沙僧挑着行李,悟空拉着马,唐僧挂着锡杖,师徒四人高高兴兴的下山了。这时,只听见四大金刚在后面叫着:"取经人,请跟我们来,我们送你们回东土!"话音刚落,一阵风吹向唐僧,唐僧就乘风而去。悟空、八戒、沙僧连同白马,也一起升到了空中,随着四大金刚,驾云往东而去。

唐僧走后,观音菩萨来到了佛祖如来面前,他说:"弟子当年去东土找取经人,现在唐僧已把真经取走,我的任务也完成了吧?"如来问观音:"唐僧一共经历了多少次灾难?"观音算了算说:"他一共经历了八十难。"如来说:"我们佛家讲九九,九九八十一,他应该还有一难才好。"观音转身对徒弟木吒说道:"你快驾云赶上金刚,让唐僧在回东土的路上再遇一难。"

木吒驾云向东赶去,赶上了金刚。他把菩萨的意思说了一遍。金刚往下面一看,下面正好是通天河,于是把云头一按,停住了风,唐僧就不由得落下地来。悟空等护着师父,也跟着按落云头。

师徒四人落到地上,八戒说:"奇怪,金刚怎么半路上就把师父扔下来了?"唐僧说:"你们看看这里是什么地方?"悟空跳到空中,向四周看了看,下来说:"师父,这是通天河西岸。"唐僧说:"我想起来了。东岸有个陈家庄,那年你们救了陈家儿女,他们要造船送我们。后来多亏了白鼋帮忙,把我们送到了西岸。可是,现在我们怎么能渡到对岸去呢?"

唐僧没有办法,只得取出了紫金钵,双手送上。

沙僧说："我们到河边看看，也许那里会有船。"师徒们来到了河边，就听见有人叫道："唐圣僧，这里来！这里来！"唐僧抬头一看，原来是当年送自己过河的那只白鼋，在岸边叫着呢。"悟空笑着说："上次多靠你帮忙，我们才能渡过了通天河，没想到今天又遇到了你！"白鼋在岸上爬了几步，请唐僧师徒爬到他的身上过河。

唐僧师徒上了白鼋的背。白鼋爬进水里，踏着波浪，往东岸飞快游去。

白鼋驮着唐僧师徒，游了半天，快到东岸了，他抬起头问道："老师父，当年我求你问佛祖的事，佛祖怎么说的？"原来唐僧到了灵山后，只顾拜佛取经，把白鼋求问的事给忘了。现在白鼋提起来，又不好意思说谎，所以只是低着头，半天没有回答。白鼋见唐僧红着脸不说话，知道没给他问。他把身子一晃，哗啦一声钻进水去了。这一下，唐僧师徒连同白马，全部落入水中。还好离岸不远，八戒、沙僧和白马又都会水，悟空扶着师父，一跳跳到岸边。经书和行李也都带上了岸，只是被水打湿了。

师徒四人把打湿的经书和衣物晒在河边石头上。等太阳落山的时候，经书和衣服都干了，师徒一起动手收拾。

等收拾完了，师徒四人又吃了一些干粮，重新上路。这时，就听到四大金刚从空中叫道："圣僧，跟我们来！"一阵风，又把唐僧带到了半空。悟空等也腾空而起，一行四人驾云向东飞去。

唐僧、金刚和悟空等人驾云走了一夜。第二天清晨，到了大唐京城长安的上空。金刚停住云头，对唐僧说："下面就是长安城了。圣僧和孙大圣等三位下去，把经书留下后，就返回来。我们在空中等着。"唐僧师徒按落云头，来到了长安城中。八戒挑着担子，沙僧牵着马，悟空扶着唐僧，一起来见唐朝皇帝。

皇帝听说取经人回来了，非常高兴，亲自出来迎接。皇帝指着悟空三人，问唐僧说："这三位是谁？"唐僧说："他们都是我路上收的徒弟。我能够到西天取经，全靠他们三个保护。"皇帝听了，微笑着连连点头。这时，忽然听见空中金刚叫道："圣僧，时间到了，快跟我们回西天去！"一阵香风吹过，唐僧扔下了手中的经书，随风而起。悟空等人连同白马，也升到了空中。唐朝皇帝和文武百官，连忙对空下拜。

四大金刚引着唐僧师徒，驾云回到灵山，进了大雄宝殿。如来告诉唐僧师徒，他们都已一一成佛了：唐僧为功德佛，孙悟空为斗战胜佛，猪悟能为净坛使者，沙悟净为金身罗汉，白马为八部天龙。

如来刚说完，悟空在下面叫道："如来，我既然已经成佛，和师父一样了，你快把松箍咒念念，把我头上的金箍儿脱下来，以后就别再叫什么人来管着我！"如来说道："你成了佛，金箍哪能还在你的头上？"悟空用手往头上一摸，真的没有了金箍，高兴得连翻了几个筋斗……

（完）

唐僧一行四人驾云向东飞去。

第二十回 阅读指导

地点

西天　通天河　长安

人物

唐僧　悟空　猪八戒　沙僧

另外：金顶大仙　接引佛　阿傩　迦叶　燃灯玄佛
　　　白雄尊者　观音菩萨　金刚　佛祖如来

第113、114页词汇（36）

彩云缭绕　灵山　指指点点　玉真观　金顶大仙　行礼道谢　独木桥
又细又滑　扑在地上　撑着　渡船　接引佛　湿　大雷音寺　金碧辉煌
大雄宝殿　派遣　赐　阿傩　迦叶　藏经楼　挑　礼物　路途遥远　轻易　外传
便宜　空着手　别吵　拜谢　燃灯玄佛　白雄尊者　重新　雄鹰　爪子　乱纷纷

第115页第116页阅读提示

九九　九九八十一

疑难词表（Glossary）

第一回

课文词汇

出世： 来到世界，出生。

横匾： 匾(biān)是一块长方形的木板，上面题着字，作为标记或表示赞扬。在中国式的建筑中挂在门的上头，大厅的正上方，或墙的上部。横着挂的叫"横匾"，竖着挂的叫"竖匾"。

水帘洞： 帘(lián)，挂在门前或窗前的布，curtain。水帘洞，Waterfall-Curtain Cavern，后来石猴和花果山上的猴子住的地方。

阅读提示

长生不老： immortal，"老"在这里是"死"的意思。

神仙(shénxiān)： 和西方文化中的 deity 或 god 有些相似。

道法： magic (by exercising Daoism)

木筏(mù fá)： wooden raft

第二回

课文词汇

祖师(zǔ shī)： 学术上或技术上创立派别的人；佛教、道教创立宗派的人。The founder of a school of learning, a craft, etc. Also, the founder of a sect of Buddhism or Daoism.

弟子： pupil in a school of learning, a craft, also in Buddhism or Daoism.

猢狲(hú sūn)： 一种猴子，中国的南方常称一般的猴子为"猢狲"。

阅读提示

讲道： give lecture about Daoism.

"术"字门： a sub-sect of theory in Daoism called "术"

戒尺(jiè chǐ)： 一种尺，从前老师上课时候用来维持课堂纪律。A ruler which teachers (of Eastern as well as Western culture) used to use to keep the classroom discipline.

三更(sān gēng)： 从前中国人把一夜分成五更，每更两小时左右，三更约为现在的半夜十二点。

口诀(kǒu jué)： a pithy formula for citing

磕头(kē tóu)： kowtow, or "bowing prostrate and touching one's head to the ground and up again", a Chinese tradition to show respect or to greet to those of higher status or generation.

筋斗云(jīn dǒu)： somersault. 美猴王在天上翻一个筋斗能到十万八千里以外，称为筋斗云。

第三回
课文词汇

妖怪： monster, demon

咒语(zhòu yǔ)： incantation; 念咒语： chant incantations

龙宫： Dragon Palace, the underwater palace of the drangon kings.

虾兵蟹将： "shrimp soldiers and crab generals", the minions of the dragons.

阅读提示

钢叉(gāng chā)： 中国古代的兵器，像一把巨大的 fork.

画戟(huà jǐ)： 中国古代的兵器，在长柄的一头装有金属枪尖，旁边有月牙形锋刃。

二丈(zhàng)： Chinese measurement for length, 1 丈 is about 3 1/3 meters or 10 feet.

披挂(pī guà)： 中国古代打仗时保护身体的服装。美猴王从龙王那里要来的披挂有：步云履(bù yún lǚ) (Cloud-stepping boots)，黄金甲 (golden armor)，紫金冠(zǐ jīn guān) (golden helmet)

鼓(gǔ)： drum

钟(zhōng)： big bells used in temples that make loud sounds.

第四回
课文词汇

玉皇大帝(yù huáng dà dì)： The Jade Emperor, who holds highest status in Daoism. His Palace, 天宫, is in the heavens.

灵霄宝殿(líng xiāo bǎo diàn)： the big meeting hall in 天宫 where 玉皇大帝 meet officers and other people.

陛下(bì)： "Your Majesty"

弼马温(bì mǎ wēn)： an official title for the care-taker of horses.

阅读提示

齐天大圣(qí tiān dà shèng)： the title 美猴王 would like to have for himself, which means "Great sage with the status equal to the heavens.

先锋(xiān fēng)： forwards in a battle

铜锤(tóng chuí)： 中国古代的兵器，铜, bronze（见第45页右下图）

无穷本领(wú qióng běn lǐng)： 无穷, inexhaustible；本领, skill, 合起来就是本领很大的意思。

斩妖剑(zhǎn yāo jiàn)： the sword that kills demon 和风火轮 (wheel with wind and fire) 同为哪吒的兵器, (见第47页哪吒像)

三头六臂： 哪吒常用的一种本领：变成三个头，六条手臂

本相： 变化以前的本来面目

疑难词表

第五回
课文词汇

蟠桃会 (pán táo huì)： Peach Party, hosted by 王母娘娘, the mother of 玉皇大帝

府： house and residence (of officials or rich people).

瑶池 (yáo chí)： the place 王母娘娘 hosts 蟠桃会

阅读提示

定身法： the magic to keep people from moving

通明殿 (tōng míng diàn)： a big hall in 天宫

瞌睡虫 (kē shuì chóng)： the bugs which make people fall asleep

炼丹炉 (liàn dān lú)： the kiln for baking 仙丹

仙丹 (xiān dān)： 丹, one kind of Chinese medicine shaped as small ball, usually red. 仙丹 usually have magical properties.

隐身法 (yǐn shēn fǎ)： the magic to make oneself invisible

西天门： the west gate of 天宫

第六回
课文词汇

犯了死罪： committed a crime worthy of death

法力： magical power

阅读提示

弹弓 (dàn gōng)： slingshot

土地庙： temple of the god of land

神犬： 二郎神的狗。二郎神的兵器是三尖两刃神锋（见第55页二郎神像）

旗杆 (qí gān)： flag pole

照妖镜 (zhào yāo jìng)： the magic mirror that reveal a disguised monster

第七回
课文词汇

兜率宫 (dōu shuài gōng)： The palace where 太上老君, one of most important Daoists in 天宫 lives. The name translates to "circle-forthward palace"

阅读提示

宝座： the seat (implies the position) of king

手掌 (shǒu zhǎng)： palm

算数 (suàn shù)： counts

受罚 (shòu fá)： to be punished

记号 (jì hao)： mark

字条 (zì tiáo)： a strip of paper with writing

证据 (zhèng jù)： proof

第八回
课文词汇

佛祖如来：Buddha

三藏 (sān zàng)：The amount of the True Scriptures of Buddhism, also another name of 唐僧

玄奘 (xuánzàng)：the official name of 唐僧

袈裟 (jiā shā)：kasaya, a patchwork outer vestment worn by a Buddhist monk

锡杖 (xī zhàng)：a walking stick made of tin, a gift from 佛祖如来 to 唐僧

小乘教法 (xiǎochéng jiào fǎ)：a Buddhist theory called 小乘

紫金钵：a bowl made of purple-gold, another gift from 佛祖如来 to 唐僧

化斋：Buddhist monks ask people for food when they are out for travel. That is 化斋

真经：The True Scriptures

化恶为善 (huà è wéi shàn)：convert evil into good

大乘教法 (dà chéng jiào fǎ)：a Buddhist theory called 大乘

阅读提示

紧箍咒 (jǐn gū zhòu)：an incantation that makes 孙悟空头上的箍 tight.

第九回
课文词汇

鹰愁涧 (yīng chóu jiàn)："Eagle-Sorrow rapids" where 小白龙 stayed.

脓包 (nóng bāo)："moron"

欺负 (qī fù)：abuse, take advantage of

降服 (xiáng fú)：conquer, overcome

抵挡不住 (dǐ dǎng bú zhù)：unable to block

性命 (xìngmìng)：life

阅读提示

海底明珠：pearl of the sea

缰绳 (jiāngshéng)：reins, halter

坐骑：ride, steed

马鞭 (mǎ biān)：whip

马鞍 (mǎ ān)：saddle

第十回
课文词汇

降妖捉怪 (xiáng yāo zhuōguài)："conquer demons and capture monsters"

呆子 (dāi zi)：idiot

胃口 (wèi kǒu)：appetite

阅读提示

元帅 (yuánshuài)：marshal

丈人 (zhàng ren)：father in law

投胎 (tóu tāi)：reincarnate

发誓 (fā shì)：swear

疑难词表

第十一回
课文词汇

石碑 (shí bēi)： 刻着字的石块，stone plaque

阅读提示

吃奶的力气： 最大的力气

卷帘大将： 沙和尚以前在天宫里的 official title

渡 (dù)： cross a body of water (a river or sea)

第十二回
课文词汇

秀丽 (xiù lì)： exquisite, beautiful

万寿山 (wàn shòu shān)： Wan Shou Mountain

人参果 (rén shēn guǒ)： "Ginseng fruit", mythical fruits that look like infants.

五庄观： a temple of Daoism called "Wu Zhuang" (the temple of Daoism is called 观 (guàn), the temple of Buddhism is called 寺庙 (sì miào))

阿弥陀佛 (ē mí tuó fó)： may Buddha preserve us

阅读提示

处罚 (chǔ fá)： punish

第十三回
课文词汇

神通广大 (shén tōng guǎng dà)： has many powers, all powerful

安慰 (ān wèi)： comfort, placate

认罪 (rèn zuì)： admit to crimes

放纵 (fàng zòng)： indulge

阅读提示

报仇 (bào chóu)： seek revenge

说情： intercede

蓬莱仙境 (péng lái xiān jìng)： 中国传说中海上一个神仙住的岛

福星、禄星、寿星： 福、禄、寿 are three basic concepts in Chinese traditional culture as symbol of a satisfying life: Luck, Prosperity, and Longevity.

第十四回
课文词汇

尸首 (shī shǒu)： corpse, cadaver

无礼 (wú lǐ)： impolite

无故 (wú gù)： without reason

阅读提示

念经 (niàn jīng)： recite or chant scriptures

不得不： have to, no other way

癞蛤蟆 (lài há ma)： toad

第十五回
课文词汇

踏破铁鞋无觅处，得来全不费工夫： referring to when one looks for it everywhere to no avail, and end up finding it by chance.

费尽心机： to rack one's brains for a solution

解手： go to the restroom. "to relieve oneself"

阅读提示

生人： stranger

熟人： acquaintance

jiào zi
轿子： 古代中国的一种交通工具， an ancient Chinese transportation

第十六回
课文词汇

fā chóu
发愁： worry, fret

上游： upstream

sù cài
素菜： vegetables, vegetarian meal

愁苦事： sorrowful things/event

年过半百： over fifty years old

fàn làn
泛滥： make a flood, or be in a flood

掌上明珠： "bright pearl carefully held in hand". Usually refers to a daughter who is treasured by her parents

阅读提示

shuǐ yuán zhī dì
水鼋之第： Residence of 水鼋（水鼋见95页右下图）

guì yú
鳜鱼： mandarin fish

第十七回
课文词汇

jiě kě
解渴： relieve thirst

chuō
戳： poke

yūn dǎo
晕倒： faint

阅读提示

fēn biàn
分辨： discern

第十八回
课文词汇

bā jiāo shàn
芭蕉扇： fan made of banana leaves

jì jié
季节： season

xī huǒ
熄火： extinguish the fire

líng jí pú sà
灵吉菩萨： 灵吉 buddhistva

dìng fēng dān
定风丹： 丹 that prevents one from being affected by wind

阅读提示

bì shuǐ jīn jīng shòu
避水金睛兽： the steed of 牛魔王 (a beast with golden eyes, that can travel in water)

xìng yè dà xiǎo
杏叶大小： the size of an apricot leaf

shuǐ chí zǐ
水池子： pond

第十九回

课文词汇

疑惑(yí huò)：doubt

见机行事(jiàn jī xíng shì)：improvise according to the situation

熬汤(áo tāng)：brew soup

化悲为喜(huà bēi wéi xǐ)：convert sorrow to happiness

阅读提示

屏风(píngfēng)：a screen that separate a room

枝杈(zhī chà)：forked branches on a tree

枣子(zǎo zi)：dates

第二十回

课文词汇

彩云缭绕(cǎi yún liáo rào)：surrounded by colorful clouds

接引佛(jiē yǐn fó)：the welcoming-buddhistva

大雷音寺(dà léi yīn sì)：the temple where Buddha lives